AF193397

CTRD0009

POLIVALENTE EN GESTIÓN INFORMÁTICA

CTRD0009

POLIVALENTE EN GESTIÓN INFORMÁTICA

Francisco Manuel Rosado Alcántara

Ana Belén Jorge Blázquez

La ley prohíbe
fotocopiar este libro

CTRD0009 - POLIVALENTE EN GESTIÓN INFORMÁTICA
© Francisco Manuel Rosado Alcántara, Ana Belén Jorge Blázquez
© De la edición: Ra-Ma 2024

MARCAS COMERCIALES. Las designaciones utilizadas por las empresas para distinguir sus productos (hardware, software, sistemas operativos, etc.) suelen ser marcas registradas. RA-MA ha intentado a lo largo de este libro distinguir las marcas comerciales de los términos descriptivos, siguiendo el estilo que utiliza el fabricante, sin intención de infringir la marca y solo en beneficio del propietario de la misma. Los datos de los ejemplos y pantallas son ficticios a no ser que se especifique lo contrario.

RA-MA es marca comercial registrada.

Se ha puesto el máximo empeño en ofrecer al lector una información completa y precisa. Sin embargo, RA-MA Editorial no asume ninguna responsabilidad derivada de su uso ni tampoco de cualquier violación de patentes ni otros derechos de terceras partes que pudieran ocurrir. Esta publicación tiene por objeto proporcionar unos conocimientos precisos y acreditados sobre el tema tratado. Su venta no supone para el editor ninguna forma de asistencia legal, administrativa o de ningún otro tipo. En caso de precisarse asesoría legal u otra forma de ayuda experta, deben buscarse los servicios de un profesional competente.

Reservados todos los derechos de publicación en cualquier idioma.

Según lo dispuesto en el Código Penal vigente, ninguna parte de este libro puede ser reproducida, grabada en sistema de almacenamiento o transmitida en forma alguna ni por cualquier procedimiento, ya sea electrónico, mecánico, reprográfico, magnético o cualquier otro sin autorización previa y por escrito de RA-MA; su contenido está protegido por la ley vigente, que establece penas de prisión y/o multas a quienes, intencionadamente, reprodujeren o plagiaren, en todo o en parte, una obra literaria, artística o científica.

Editado por:
RA-MA Editorial
Calle Jarama, 3A, Polígono Industrial Igarsa
28860 PARACUELLOS DE JARAMA, Madrid
Teléfono: 91 658 42 80
Fax: 91 662 81 39
Correo electrónico: *editorial@ra-ma.com*
Internet: *www.ra-ma.es* y *www.ra-ma.com*
ISBN: 978-84-10181-51-9
Depósito legal: M-5872-2024
Maquetación: Antonio García Tomé
Diseño de portada: Antonio García Tomé
Filmación e impresión: Safekat
Impreso en España en febrero de 2024

Índice

Introducción

Este libro consta de siete capítulos donde se abordan todos los temas relacionados con la ofimática e internet, así como los conceptos básicos de la informática. A lo largo de estos temas, irá aprendiendo cómo utilizar su ordenador y las principales herramientas ofimáticas, como un procesador de textos, la hoja de cálculo, el gestor base de datos o el programa de realización de presentaciones. También conocerá como utilizar los programas de gestión del correo electrónico y a utilizar internet con eficacia.

En cada uno de de los capítulos el lector encontrará, además de las explicaciones teóricas, ejercicios guiados y ejercicios prácticos.

Los ejercicios guiados, son ejemplos resueltos paso a paso, para que el lector aprenda cómo se realiza cada tarea. Y los ejercicios prácticos, son ejercicios para que el lector resuelva, basados en los contenidos que se han explicado con anterioridad.

Además, al final de cada uno de los temas dispondrá de un test para evaluar los conocimientos adquiridos.

1

FUNCIONAMIENTO BÁSICO DEL EQUIPO INFORMÁTICO

1.1   EL ORDENADOR: CONCEPTOS BÁSICOS

Actualmente, el ordenador se ha convertido para muchas personas en un instrumento indispensable de trabajo e incluso de ocio.

La Informática es, la ciencia que estudia el tratamiento automático de la información. Podemos definir el ordenador, como una máquina electrónica con una memoria de gran capacidad, y de métodos de tratamiento de la información, que permiten procesarla en base a los programas almacenados en dicha memoria.

Distinguimos dos conceptos básicos: *hardware* y *software*.

- **Hardware**. Es el conjunto de dispositivos físicos, conectados entre sí, que componen el ordenador (CPU, placa base, disquetera, disco duro, tarjeta gráfica, tarjeta de sonido, CD-ROM, monitor, teclado, ratón, etc.).

- **Software**. Es el conjunto de programas e instrucciones que se ejecutan en el ordenador. El *software* abarca, por tanto, todas las aplicaciones, juegos, sistemas operativos, lenguajes de programación, etc.

La unidad de información que se utiliza en informática es el BIT. Se usa para describir la capacidad de los componentes de un ordenador, tamaño de los programas y ficheros.

Un BIT es la unidad mínima de información del sistema binario. Cada BIT, o dígito binario puede tomar el valor 0 ó 1.

BYTE, es la agrupación de 8 BITS, se utiliza para almacenar un carácter.

Tendremos las siguientes equivalencias:

- **1 KiloByte** son 1024 Bytes.

- **1 MegaByte** son 1024 KiloBytes.

- **1 GigaByte** son 1024 MegaBytes.

- **1 TeraByte** son 1024 GigaBytes.

1.1.1   UN POCO DE HISTORIA

Los ordenadores que han ido apareciendo desde los años 40 se han agrupado en 5 generaciones, que se diferencian, entre otras cosas, por sus componentes.

Primera generación (1940 a 1960)

La característica general de esta generación fue el uso de la tecnología de las válvulas de vacío.

En 1947 se construyó en la Universidad de Pennsylvania el ENIAC, que fue el primer ordenador digital electrónico, el primer ordenador propiamente dicho. Esta máquina ocupaba todo un sótano de la universidad, pesaba 30 toneladas y requería todo un sistema de aire acondicionado, pero era capaz de realizar cinco mil operaciones aritméticas en un segundo.

En 1947 el ingeniero John Von Neumann termina EDVAC. Esta máquina, además de almacenar en la memoria los datos y las instrucciones, era capaz de almacenar programas específicos para su funcionamiento. En 1951 aparece UNIVAC. Se creó para la realización del censo electoral de Estados Unidos. Es el primer ordenador comercial.

Segunda generación de (1960 a 1965)

Se caracteriza por el cambio de la válvula de vacío por transistores y por un aumento de la capacidad de memoria. Los circuitos con transistores, reducen el tamaño de las máquinas.

Su aparición hizo que los ordenadores fuesen más rápidos, pequeños y baratos. En esta generación se ampliaron las memorias auxiliares y se crearon los discos magnéticos de gran capacidad. Se diseñaron las impresoras y lectores ópticos y se desarrollaron los lenguajes de programación, aparecen los nuevos lenguajes de programación denominados "Lenguajes de Alto Nivel".

Tercera generación (1965-1975)

Se caracteriza por la aparición de los circuitos integrados realizados a base de silicio, el aumento de la velocidad, el mayor número de programas y lenguajes: Cobol, Fortran y la aparición de los terminales para transmitir datos al procesador central a distancia, o viceversa. Aparecen también los sistemas operativos para el control del ordenador.

El primer aparato basado totalmente en circuitos integrados es el IBM serie 360 que incorporó además un Sistema Operativo para el control de la máquina.

Cuarta generación (1975-1990)

La característica más importante de esta generación es la aparición de los microprocesadores, que son circuitos con gran cantidad de transistores integrados en un pequeño espacio.

Se abre una nueva era con la aparición de los Ordenadores Personales.

Quinta generación (A partir de 1990)

La revolución llega con los microprocesadores de nueva generación. La velocidad se dispara y se suceden las sucesivas generaciones de microprocesadores; se generaliza el ordenador personal.

1.1.2 COMPONENTES DE UN ORDENADOR

En un ordenador, por un lado nos encontramos con la CPU o microprocesador y por otra con los periféricos.

CPU, es la unidad central de proceso, donde se gestiona la memoria y se realizan las operaciones de la Unidad de Control (UC).

Dentro de la CPU podemos distinguir 3 partes:

1. **Unidad de control** (**UC**). Se encarga de gestionar el funcionamiento del ordenador y su memoria.

2. **Unidad aritmeticológica**. Es la encargada de realizar las operaciones artimeticológicas que recibe la UC

3. **Memoria interna**. Es el lugar donde se almacena la información. Este tipo de memoria es volátil, quiere decir que se borra cuando no tiene suministro eléctrico.

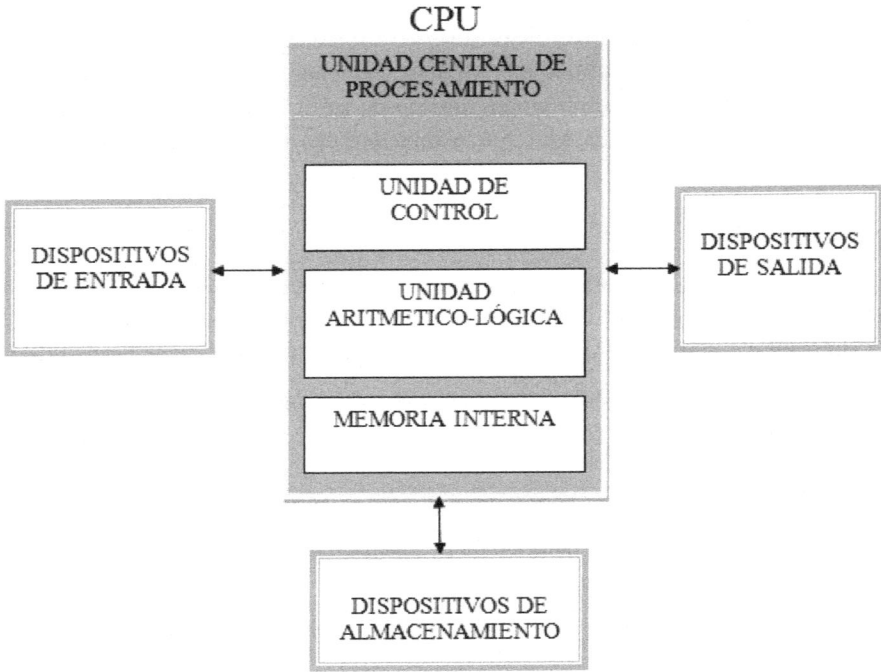

Los periféricos, son dispositivos de Entrada/Salida, es decir que nos permiten comunicarnos con el ordenador.

Los periféricos de entrada son aquellos a través de los cuales, nosotros le proporcionamos información al ordenador. Algunos de ellos son:

- Teclado.
- Ratón.
- Escáner.
- Lápiz óptico.
- Joystick.

Los periféricos de salida son aquellos dispositivos que nos permiten extraer información, por ejemplo:

- Monitor.
- Impresora.

Los periféricos de almacenamiento, nos sirven para almacenar la información:

- Disco duro externo.
- Memoria USB.
- Grabador de CD.

Existen otros periféricos que se pueden considerar de entrada y salida, por ejemplo el modem.

1.2 EL SISTEMA OPERATIVO

El sistema operativo es el programa encargado de controlar y coordinar el uso del *hardware* entre diferentes aplicaciones y usuarios, es decir, se encarga de administrar los recursos del ordenador.

Los sistemas operativos proporcionan una plataforma de *software* encima de la cual otros programas, llamados aplicaciones, puedan funcionar.

1.2.1 CONCEPTOS BÁSICOS

Las funciones básicas del Sistema Operativo son: administrar los recursos del equipo, coordinar el *hardware* y organizar archivos y directorios en dispositivos de almacenamiento.

Realizan tareas básicas como reconocimiento de la conexión del teclado, enviar la información a la pantalla, reconocimiento de archivos y directorios en el disco, y controlar los dispositivos periféricos tales como impresora, ratón, etc.

Un usuario interactúa con el sistema operativo a través de una serie de comandos, por ejemplo, el sistema operativo DOS contiene comandos como *copiar* y *pegar* para copiar y mover archivos respectivamente. Los comandos son aceptados y ejecutados por una parte del sistema operativo llamada procesador de comandos o intérprete de la línea de comandos. Las interfaces gráficas permiten que utilices los comandos señalando y pinchando en objetos que aparecen en la pantalla.

Podemos clasificar los sistemas operativos de la siguiente forma:

- **Multiusuario**: Permite que dos o más usuarios utilicen sus programas al mismo tiempo. Algunos sistemas operativos permiten a centenares o millares de usuarios al mismo tiempo.

- **Multiprocesador**: permite abrir un mismo programa en más de una CPU.

- **Multitarea**: Permite que varios programas se ejecuten al mismo tiempo.

- **Multitramo**: Permite que diversas partes de un sólo programa funcionen al mismo tiempo.

- **Tiempo Real**: Responde a las entradas inmediatamente. Los sistemas operativos como DOS y UNIX, no funcionan en tiempo real.

Vamos a ver algunas de las características del sistema operativo **Windows** 7.

....

1.2.2 **EL ESCRITORIO**

El escritorio, es la pantalla que vemos cuando encendemos el ordenador. Va a ser nuestra área de trabajo.

Veremos una pantalla similar a esta, puesto que se puede personalizar.

Los elementos que aparecen en la parte izquierda se llaman **accesos directos**, y como su nombre indica nos permiten acceder a determinados programas, carpetas o documentos de forma directa.

1.2.3 LA BARRA DE TAREAS

Es la barra que se muestra en la parte inferior del escritorio.

Consta de varios elementos:

■ El botón **Inicio**, situado a la izquierda de la barra de tareas, es el botón a través del cual se despliega el menú de **Windows**.

■ La **barra de acceso rápido**. Esta a continuación del botón de **Windows**, e incorpora una serie de accesos directos, como el de Internet Explorer, el del Escritorio, etc.

■ El **área de notificación**, en la parte derecha de la barra. Aparecen los iconos de los programas que se cargan al iniciar **Windows** y algunas utilidades como el reloj.

1.2.4 MENÚ INICIO

Como hemos comentado anteriormente, el botón de **Inicio** se encuentra situado a la izquierda de la barra de tareas. Al pulsar en él se despliega el menú de **Windows**.

En este menú aparecen los accesos a los programas utilizados recientemente. Y en la parte inferior, en la opción **Todos los programas** se despliega el listado de los programas instalados.

En la parte derecha de este menú aparecen, en primer lugar, los accesos a las carpetas que se utilizan más frecuentemente.

Se muestra también el acceso al **Panel de control**, que nos permitirá configurar y personalizar distintos aspectos de nuestro ordenador, como el protector de pantalla, el fondo de escritorio, etc.

Encontramos también, un acceso a **Ayuda y soporte técnico**, donde podremos solicitar ayuda sobre el manejo del sistema.

En la parte inferior, está situada el **área de búsqueda**, que nos será muy útil a la hora de buscar archivos o carpetas que no encontramos, porque no sabemos cómo se llama, o dónde lo hemos almacenado.

Generalmente, se suele utilizar para realizar búsquedas por el nombre de archivo. De tal forma, que escribiremos el nombre del archivo o parte de él y el sistema nos encontrará todos los archivos que existan con ese nombre.

Pero en ocasiones, nos sucederá, que no sabemos cómo se llama el archivo, o solamente sabemos una parte, o no lo conocemos con exactitud. Para estas veces, utilizaremos los caracteres comodín: *,?. El asterisco equivale a cualquier carácter y cualquier número de ellos. Y la interrogación a cualquier carácter, pero sólo uno. Por ejemplo si queremos buscar los archivos elaborados con **Word 2007**, escribiremos: *.docx. Con esto le estaremos indicando que deseamos buscar los archivos con cualquier nombre (*) y con la extensión docx.

1.2.5 EJERCICIO PRÁCTICO

Buscar todos los archivos que comiencen con m, realizados con **Excel 2007**.

1.2.6 VENTANAS

La ventana es el elemento que utiliza **Windows** para mostrar la información.

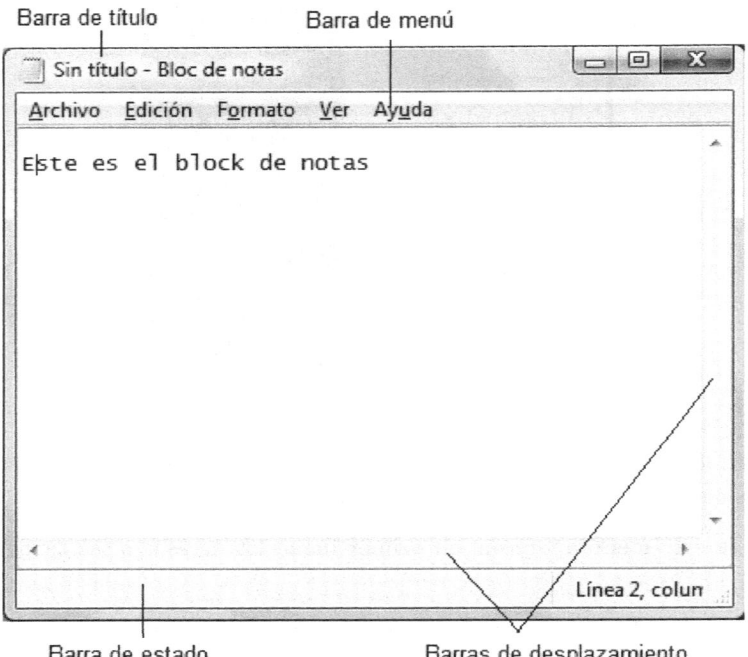

Los elementos comunes a todas las ventanas son los siguientes:

- **Barra de título**. Es la barra que aparece en la parte superior de la ventana donde se muestra el nombre de ésta y en la parte derecha, los botones para minimizar ⬚, maximizar ⬚ y cerrar la ventana ⬚.

- **Barra de menú**. Esta barra va a variar dependiendo de la ventana abierta. En cualquier caso son las opciones que nos permiten manejar la ventana, pudiendo ser la ventana de una aplicación o de una simple carpeta.

- **Barras de herramientas**. Generalmente aparecen debajo del menú, son barras compuestas por botones, donde cada uno de ellos realiza una acción. Si pasamos el cursor por encima de estos botones se mostrará una etiqueta indicándonos la funcionalidad de cada uno de ellos.

- **Barras de desplazamiento**. Como su nombre indica son las barras que nos permiten desplazarnos por la ventana tanto horizontal como verticalmente. Aparecen en la parte derecha e inferior de la ventana si son necesarias, en caso contrario no se muestran.

- **Barra de estado**. Es la barra que aparece en la parte inferior de la ventana. Nos muestra información sobre la ventana abierta.

....

1.2.7 LA PAPELERA DE RECICLAJE

Cuando eliminamos archivos del disco duro, van a parar a la papelera de reciclaje.

Es una especie de carpeta donde se almacenan los elementos eliminados, y desde donde tenemos la posibilidad de recuperarlos.

Para eliminar cualquier elemento, podemos hacerlo de múltiples formas. Algunas de ellas son:

- Lo seleccionamos y pulsamos **SUPR.**, en el teclado.

- Pulsamos con el botón derecho del ratón sobre el elemento a eliminar, y elegimos la opción **Eliminar**.

Para recuperar un elemento que se encuentra en la papelera, la abrimos (haciendo doble clic sobre su icono) y seleccionamos el elemento que vamos a recuperar. Posteriormente pulsamos en **Archivo/Restaurar**. El elemento volverá a su ubicación original.

Para eliminar definitivamente los elementos que se encuentran en la papelera, la abrimos y pulsamos **Archivo/ Vaciar papelera de reciclaje**.

1.2.8 CARPETAS Y DOCUMENTOS

Lo primero que vamos a diferenciar son los conceptos de archivo y carpeta.

Un archivo, es un conjunto de información guardado en una unidad de almacenamiento. Este conjunto de información pueden ser datos de cualquier índole, una base de datos, un documento comercial, una fotografía, un dibujo, etc.

Una carpeta es un elemento que nos sirve para guardar, organizar y gestionar los archivos.

1.2.8.1 Crear una carpeta

Una de las formas de crear una carpeta, es situarnos en el lugar donde queremos crearla y pulsar con el botón derecho del ratón. En el menú emergente que se muestra, elegimos la opción **Nuevo/Carpeta**. Se genera una nueva carpeta, donde teclearemos el nuevo nombre.

1.2.8.2 ¿Cómo creamos y guardamos un archivo?

Por ejemplo, queremos crear y guardar un dibujo. Abrimos el programa **Paint** (accesorio de **Windows**), que lo encontraremos en **Inicio/Todos los programas/Accesorios/Paint**.

Una vez abierto el programa, utilizaremos las herramientas que nos proporciona para crear un pequeño dibujo. Todos los programas, independientemente de su complejidad, disponen de una opción para guardar el archivo generado y en todos, esta operación se realiza de forma similar.

En este caso, pulsamos en **Archivo/Guardar**, y en el cuadro de diálogo que se muestra elegimos la ubicación del archivo, es decir, el lugar donde lo vamos a guardar, y el nombre que le vamos a asignar.

1.2.9 EJERCICIO PRÁCTICO

Vamos a crear en el escritorio una carpeta llamada *Prácticas*.

Una vez creada, la abrimos, situamos el cursor dentro de ella y creamos dos nuevas carpetas: *Dibujos* y *Textos*.

Posteriormente, abrimos el programa **Paint**. (Todos los programas/Accesorios/**Paint**). Es un programa, que a través de las herramientas que aparecen en su parte izquierda, nos permite realizar dibujos. Realizamos un pequeño dibujo y lo guardamos en la carpeta *Dibujos* con el nombre *Pintura*.

Para guardarlo, en el menú, pulsamos en **Archivo/Guardar**, y en el cuadro e diálogo que se muestra, elegimos la carpeta *Dibujos* (situada en el escritorio) y en la casilla nombre de archivo, escribimos *Pintura*.

1.2.10 ORGANIZACIÓN DE LA INFORMACIÓN

En **Windows**, como hemos visto en el punto anterior, los datos se almacenan en archivos (o ficheros), pero no de cualquier forma, sino organizados en carpetas que nos permiten después localizarlos con facilidad.

Cuando encendemos nuestro ordenador, se carga el sistema operativo, y vemos la pantalla del escritorio.

Entre los iconos que visualizamos, encontramos **Equipo**.

Si hacemos doble clic sobre este icono, se abre una ventana que nos muestra su contenido. **Equipo** contiene el acceso a las unidades de almacenamiento que tiene el ordenador. Cada unidad se nombra con una letra; generalmente, el disco duro suele llamarse con la letra C, las unidades de disco suelen llamarse A y B, la letra D suele corresponder a la unidad de CD o DVD, si el equipo tiene más discos duros podrían ser la E, F, etc.

De esta forma, cuando queremos visualizar el contenido de cada una de estas unidades de almacenamiento o dispositivos, hacemos doble clic en la letra que lo representa y se abrirá una ventana que nos muestra los archivos y carpetas que contiene.

Por ejemplo, hacemos doble clic en **Equipo**, posteriormente en **C**, y a continuación en **Archivos de programa**. Veremos una ventana similar a la siguiente. Si queremos volver hacia atrás, es decir, hemos accedido a la información de Archivos de programa, pero queríamos acceder a la carpeta **Windows**, en la parte superior de la ventana tenemos los accesos a todas las carpetas por las que hemos ido pasando, simplemente pulsamos sobre ella.

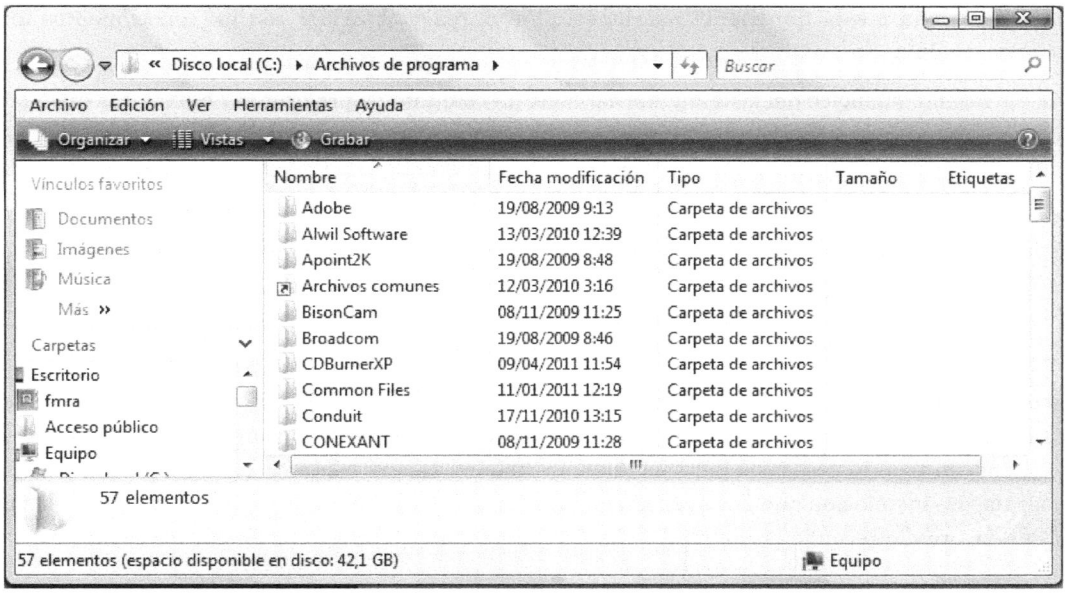

De esta forma, podemos acceder a la información que contiene nuestro equipo, y a los elementos conectados a él.

25

1.2.11 OTROS SISTEMAS OPERATIVOS. LINUX

Es un sistema operativo creado por Linus Torvalds, estudiante de informática en la universidad de Helsinki, en 1991 como una alternativa a los sistemas Unix de la época.

Linux es un sistema operativo con dos características muy peculiares que lo diferencian del resto de sistemas que podemos encontrar en el mercado:

- Que es libre, esto significa que no tenemos que pagar ningún tipo de licencia a ninguna casa desarrolladora de *software* por el uso del mismo.

- El sistema viene acompañado del código fuente. Su código es abierto, está disponible públicamente para que cualquier persona pueda libremente usarlo, estudiarlo, redistribuirlo y, con los conocimientos informáticos adecuados, modificarlo

El sistema lo forman el núcleo del sistema (kernel) más un conjunto de programas / bibliotecas que hacen posible su utilización. Muchos de estos programas y bibliotecas han sido creados dentro del proyecto **GNU**, por esto mismo, muchos llaman a **Linux**, **GNU/Linux**, para resaltar que el sistema lo forman tanto el núcleo como gran parte del *software* producido por el proyecto **GNU**.

Linux es un sistema de libre distribución con lo cual, podremos encontrar, en multitud de servidores conectados a Internet, todos los ficheros necesarios para su funcionamiento. El problema es reunir e instalar todos estos ficheros necesarios. Por esta razón se crearon las distribuciones **Linux**, empresas y organizaciones que se dedican a hacer este trabajo facilitar el uso de **GNU/Linux**.

Una distribución no es otra cosa, que una recopilación de programas y ficheros, organizados y preparados para su instalación. Estas distribuciones se pueden obtener a través de Internet, o comprando los CDs de las mismas, los cuales contendrán todo lo necesario para instalar un sistema **Linux** bastante completo y en la mayoría de los casos un programa de instalación que nos ayudara en la tarea de una primera instalación. Casi todos los principales distribuidores de **Linux**, ofrecen la posibilidad de bajarse sus distribuciones, vía FTP (sin cargo alguno).

1.3 REDES

Una red de ordenadores es un conjunto de equipos y/o periféricos conectados por medio de cables, señales, ondas o cualquier otro método de transporte de datos, que comparten información, recursos, servicios, etc.

Los ordenadores además de estar conectados unos a otros en una red, deben "hablar el mismo idioma" para poder comunicarse entre sí, es decir, deben utilizar el mismo "protocolo de comunicaciones".

Se entiende por protocolo al lenguaje común que utilizan los ordenadores al comunicarse entre sí.

1.3.1 TIPOS DE REDES

Dependiendo de su amplitud o alcance geográfico podemos distinguir los siguientes tipos:

- **PAN**: Red de área personal. Son redes pequeñas, generalmente no superan los 8 equipos y la distancia entre ellos es pequeña. Por ejemplo, una red doméstica o una pequeña oficina.

- **LAN**: Red de área local. Conjunto de equipos que pertenecen a la misma organización y están conectados dentro de un área geográfica pequeña, por ejemplo un mismo edificio.

- **MAN**: Red de área metropolitana, formada por equipos que pueden estar en distintos edificios dentro de la misma ciudad.

- **WAN**: Red de área extensa, conecta equipos a través de grandes distancias geográficas, distintas ciudades, incluso distintos continentes.

1.3.2 TOPOLOGÍA DE REDES

La topología de una red es el patrón de interconexión entre los nodos y un servidor.

Existen varios tipos de topologías:

- **Bus**. Todas las computadoras están conectadas a un cable central, llamado el bus. Las redes de bus lineal son las más fáciles de instalar. La ventaja de una red con topología bus es su simplicidad. El lado negativo de una red de bus es que si uno de los enlaces entre cualquiera de las ordenadores se rompe, la red deja de funcionar.

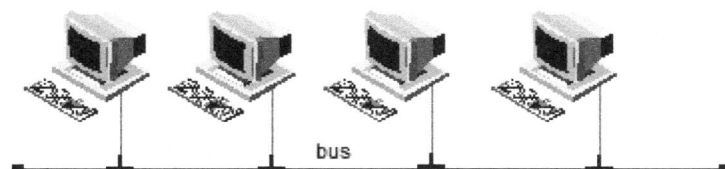

■ **Estrella**. Las redes de esta topología tienen una caja de conexiones llamada hub. Todos los ordenadores se conectan al hub, el cual administra las comunicaciones entre ellos. Si un ordenador no funciona, no afecta a las demás.

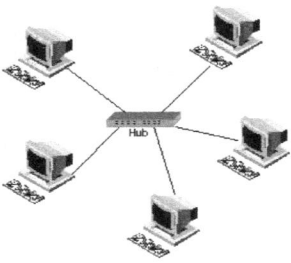

■ **Anillo**

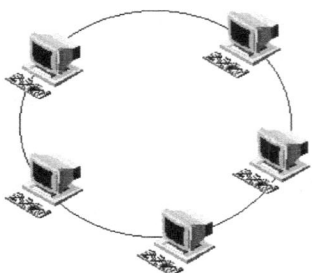

■ **Malla**

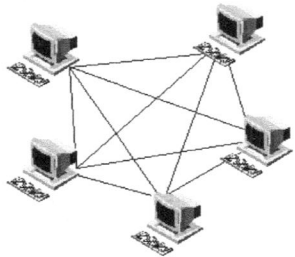

TEST DE CONOCIMIENTOS

1 El escáner es un elemento de:
   a) *Hardware*.
   b) *Software*.

2 ¿En qué generación se utilizaban las válvulas de vacío?
   a) 1ª generación.
   b) 2ª generación.
   c) 3ª generación.

3 ¿Y los transistores?
   a) 1ª generación.
   b) 2ª generación.
   c) 3ª generación.

4 ¿El sistema operativo se encarga de administrar los recursos del ordenador?
   a) No.
   b) Sí.

5 ¿Para qué sirve el siguiente botón de una ventana ?
   a) Para maximizar la ventana.
   b) Para cerrar la ventana.
   c) Para minimizar la ventana.

6 ¿Se pueden recuperar los elementos que hemos enviado a la papelera de reciclaje?
   a) Sí, mediante la opción **Restaurar**.
   b) No, los elementos que están en la papelera de reciclaje son elementos que han sido eliminados y por lo tanto no se pueden recuperar.

7 ¿Qué significado tienen las siglas MAN?
   a) Red de área personal.
   b) Red de área metropolitana.
   c) Red de área local.

2

INTERNET

A través de este capítulo nos familiarizaremos con los conceptos básicos de internet. Veremos cuáles son las utilidades más frecuentes y aprenderemos a buscar información de forma rápida y efectiva.

2.1 CONCEPTOS BÁSICOS

2.1.1 EL CONCEPTO DE INTERNET

Podríamos definir Internet como una red formada por una gran cantidad de ordenadores que pueden intercambiar información entre ellos. Es una gran red mundial de ordenadores, que no sólo interconecta ordenadores, sino redes de ordenadores entre sí.

Los ordenadores de una red se pueden comunicar porque están unidos a través de conexiones y gracias a que utilizan un lenguaje o protocolo común. En este caso estamos hablando del protocolo TCP/IP:

■ El protocolo es el lenguaje de comunicación entre los diferentes ordenadores.

■ El protocolo TCP, se encarga de dividir la información en pequeños paquetes que serán enviados por la red.

■ El protocolo IP es el encargado de la dirección a la que se envían estos paquetes.

Así pues, Internet es la "red de redes" que utiliza TCP/IP como su protocolo de comunicación. Nos servirá por lo tanto para comunicar con cualquier ordenador que esté conectado en Internet.

2.1.2 UN POCO DE HISTORIA

Internet se inició como un proyecto de defensa de los Estados Unidos. A finales de los años 60, la ARPA (Agencia de Proyectos de Investigación Avanzados) del Departamento de Defensa definió el protocolo TCP/IP. Aunque parezca extraño, la idea era garantizar mediante este sistema la comunicación entre lugares alejados en caso de ataque nuclear. Ahora el TCP/IP sirve para garantizar la transmisión de los paquetes de información entre lugares remotos, siguiendo cualquier ruta disponible.

En 1975, ARPANET comenzó a funcionar como red, sirviendo como base para unir centros de investigación militares y universidades, y se trabajó en desarrollar protocolos más avanzados para diferentes tipos de ordenadores y cuestiones específicas.

En 1983 se adoptó el TCP/IP como estándar principal para todas las comunicaciones, y en 1990 desapareció ARPANET para dar paso junto a otras redes TCP/IP a Internet. Por aquel entonces también comenzaron a operar organizaciones privadas en la Red.

Poco a poco, todos los fabricantes de ordenadores personales y redes han incorporado el TCP/IP a sus sistemas operativos, de modo que en la actualidad cualquier equipo está listo para conectarse a Internet. Internet une muchas redes, incluyendo como más importantes la que proporciona acceso a los grupos de noticias (Usenet), que data de 1979 y (conceptualmente) la World Wide Web, de principios de los 90.

En España, Internet comenzó a implantarse a finales de los 80, a través del programa Iris.

En 1990 nació como tal RedIRIS, entidad que obtuvo la condición de red oficial de cara a los estándares internacionales de Internet, y que fue adoptando poco a poco cada uno de los servicios existentes.

En 1991 surgió Goya, el primer proveedor de acceso privado a Internet.

Y entre 1992 y 1994 se produjo la implantación de Internet en la mayor parte de las universidades y la llegada de más servicios globales y proveedores de acceso.

El año definitivo para la popularización de Internet en España fue el año 1995 con el "boom" de los proveedores de Internet y también fecha de nacimiento de InfoVía, la "Internet Española".

2.1.3 ¿QUÉ SE PUEDE HACER EN INTERNET?

2.1.3.1 Búsqueda

Buscar o consultar información es una de las tareas básicas cuando hablamos de utilizar Internet. Para realizar búsquedas de información utilizamos los buscadores. Si los utilizamos correctamente puede evitarnos muchas pérdidas de tiempo.

2.1.3.2 Comunicaciones

- **Correo**. El correo electrónico es, junto con la Web, uno de los servicios más utilizados en Internet.
- **Redes sociales**. Una red social es una estructura social en donde hay individuos que se encuentran relacionados entre sí. Las relaciones pueden ser de distinto tipo, como intercambios financieros, amistad, relaciones sexuales, entre otros. Se usa también como medio para la interacción entre diferentes como chats, foros, juegos en línea, blogs, etcétera. Seguro que utilizamos o hemos oído nombrar alguna de las más populares: Facebook, Twtter, MySpace, LinkedIn...
- **Videoconferencia**. La videoconferencia permite establecer una comunicación a través de Internet utilizando imágenes de vídeo y sonido en tiempo real.
- **Telefonía IP**. Nos permite hablar por teléfono utilizando Internet como medio de transmisión de la voz
- **Chat**.

2.1.3.3 Otras actividades

- **Transferencia de archivos**.
- **Foros**. Discusiones temáticas, una forma de recabar y compartir conocimientos.
- **Juegos en red**
- **Realizar compras**
- **Realizar cursos de formación**.
- **Blog**. Un Blog en una página web en la cual se escriben una serie de artículos que se actualizan de forma periódica. La entrada más actual se coloca la primera, y se genera una especie de índice temporal.

2.1.4 WORLD WIDE WEB

El auge de Internet se debe en gran medida a la aparición del World Wide Web, que logró facilitar y hacer atractiva la utilización de la red para todo tipo de usuarios añadiendo interactividad. En ocasiones se utiliza la palabra Web como sinónimo de Internet.

Pero otros factores fueron el gran desarrollo de ordenadores cada vez más veloces, con más capacidad y a bajos precios, junto con el perfeccionamiento del *software* correspondiente, unido al avance de las telecomunicaciones, lo que hace posible que en cualquier hogar pueda existir un ordenador con su correspondiente conexión a Internet.

World Wide Web fue desarrollada inicialmente en el CERN (Laboratorio Europeo de Partículas) en Ginebra. Los trabajos se iniciaron en 1989 y a finales de 1991 aparecen el primer servidor Web y un navegador para interfaces de tipo texto. Con esto podían intercambiar los físicos información de un modo eficiente. El sistema se extendió rápidamente por todo el mundo.

Conceptos básicos:

- **Hipertexto**: Es lo que permite que al hacer clic en una palabra o gráfico, pasemos de la página en la que estamos, a otra página distinta. Esta nueva página puede estar en otro ordenador, en la otra punta del mundo, esto es lo que creó el concepto de navegación por Internet

- **Multimedia**. Un documento de hipertexto puede combinar textos, imágenes, vídeo, sonido, representaciones de realidad virtual, etc.

- **Interactividad**. En los navegadores, además de visualizar páginas web, podemos enviar información, bien a través de formularios, correo electrónico o aplicaciones específicas para ello, a esto se le llama Interactividad.

- **Integración de servicios**. Los navegadores web incorporan también los protocolos necesarios para la descarga de ficheros, para el uso del correo electrónico, etc., Lo que hace que sea más sencillo para el usuario.

2.1.4.1 Documentos de hipertexto

Cuando se accede a un servidor WWW, mediante un navegador, lo que se obtiene en pantalla es un documento de hipertexto, a estos documentos se les denomina páginas Web.

Los documentos de hipertexto, en su forma actual, están constituidos por una combinación de texto y una serie de elementos multimedia. Normalmente presentan imágenes y gráficos insertados en el texto, además de ello, pueden incluir recuadros en los que se presenta una secuencia de video e incluso tener sonidos asociados. Más recientemente se han añadido representaciones de objetos en 3D y realidad virtual.

Todos los elementos descritos anteriormente, no determinan que el documento sea de hipertexto, lo más importante, y que le da a WWW su potencialidad, es la incorporación de un nuevo tipo de objetos: los hiperenlaces.

Los hiperenlaces se pueden presentar en pantalla de diversas formas, como palabras o frases resaltadas que están en distinto color o subrayadas o en forma de iconos o imágenes. Cuando se hace clic sobre uno de ellos, se obtiene en pantalla un nuevo documento, la mayoría de las veces, una imagen, un sonido, una secuencia de video, iniciar una transferencia de ficheros (FTP), iniciar el envío de correo electrónico, etc.

La idea importante, es que un enlace es una vía de acceso a otro recurso Internet. Con el hipertexto, el usuario no debe preocuparse de direcciones, protocolos o tipos de recursos; todo lo que debe hacer es clic con el ratón sobre el hiperenlace correspondiente.

Los hiperenlaces son los que dan a WWW la imagen de una gran telaraña que envuelve a todo el mundo, en esto consiste la navegación por Internet a través de WWW.

2.1.4.2 Estructura básica de una dirección URL

Una dirección URL es un texto que identifica una única dirección de una página Web o recurso dentro de Internet.

La estructura básica de un URL se compone de tres partes de acuerdo al siguiente esquema:

método_de_acceso://nombre_del_servicio/ruta_de_acceso/página

Por ejemplo: *http://www.boe.es/boletin/INDsumario*

El significado de estas tres partes es el siguiente:

■ **Método de acceso**. Aparece en primer término e indica el tipo de servicio que se va a utilizar, http (una página Web), ftp (un fichero para descarga), etc.

■ **Dirección Internet del servidor al que se quiere acceder**. Es la segunda componente del URL, y por lo general se encuentra separada del método de acceso por ://. Dicha dirección puede estar expresada por el nombre de dominio, o por el número de IP

■ **Ruta de acceso**. Es el tercer elemento básico de un URL. Es opcional y puede ser el nombre de un directorio, una ruta de acceso hasta un subdirectorio determinado o el nombre de un fichero con su ruta de acceso completa

2.2 NAVEGADORES

Un navegador es un programa que nos permite navegar por Internet, es decir, consultar información, descargar archivos, intervenir en foros, utilizar el correo electrónico, etc.

El navegador más conocido es Internet Explorer, de **Microsoft**, no obstante, existen otros navegadores como Mozilla Firefox, Google Crome, Opera, etc.

El navegador que vamos a conocer es Internet Explorer 8.

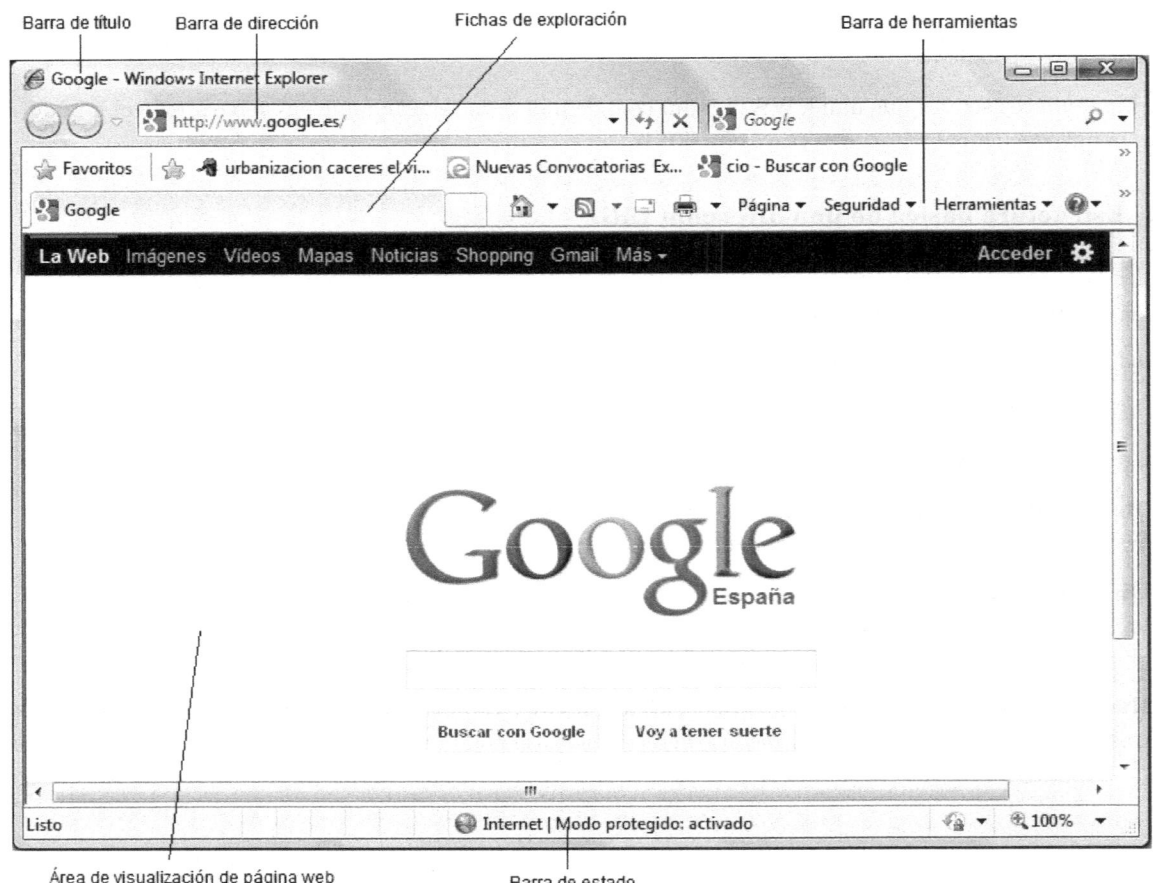

Barra de título   Barra de dirección   Fichas de exploración   Barra de herramientas

Área de visualización de página web   Barra de estado

A la izquierda de la barra de dirección, encontramos los botones de navegación ⬅➡. El botón **Atrás** nos permite volver a la última página visitada, y el botón **Adelante** para avanzar lo que antes habíamos retrocedido.

La barra de dirección, es donde escribiremos la URL de la página a la que queremos acceder. En la parte derecha de esta barra se muestran dos iconos: ↻ **Actualizar**, para refrescar la página que tenemos en pantalla y ✕ **Detener**, para detener la carga de una página.

La barra de comandos, contiene los botones que nos dan acceso al menú del navegador y algunos botones de acceso rápido. El botón **Página principal** 🏠 , nos lleva a la página de inicio que tengamos definida.

Con respecto a las fichas de exploración, es posible abrir una pestaña nueva en blanco y a continuación introducir la dirección deseada. Lo haremos haciendo clic en el pequeño recuadro que queda justo a la derecha de la última pestaña.

Y por último, en el área de visualización de página web, es donde vemos el contenido de la página visitada.

2.2.1 HISTORIAL. EJERCICIO GUIADO

Es muy habitual que, durante una sesión de navegación, nos interese volver a consultar páginas que ya visitamos anteriormente. Por ello Internet Explorer pone a nuestra disposición una lista, llamada **Historial,** que almacena las últimas direcciones que hemos visitado, permitiéndonos regresar de nuevo, mediante un simple clic.

Para acceder a este listado pulsamos en la flecha situada a continuación de los botones de navegación y elegimos la opción **Historial**. Se mostrará en un panel, a la izquierda de la pantalla.

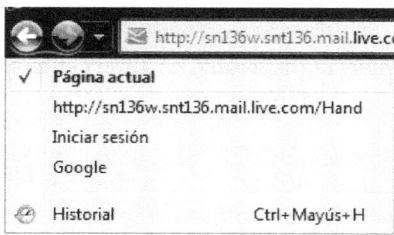

En ocasiones no nos interesa que otros usuarios puedan consultar las páginas que hemos visitado durante nuestra sesión de navegación, dato del que queda constancia en la lista del **Historial**. Para borrar todo el contenido del **Historial** pulsamos en la opción **Herramientas/Opciones de Internet**. Elegimos la ficha **General** y en el área Historial de exploración pulsamos en el botón **Eliminar**.

2.2.2 PÁGINA DE INICIO. EJERCICIO GUIADO

Cuando iniciamos una sesión de navegación, por defecto, siempre se carga una primera página que conocemos con el nombre de **Página de Inicio**. Internet Explorer nos da la posibilidad de establecer como página de inicio aquella que más nos interese.

Para ello, pulsamos en **Herramientas/Opciones de Internet**, y en la ficha **General** tenemos un área llamada **Página principal** donde podemos cambiarlo.

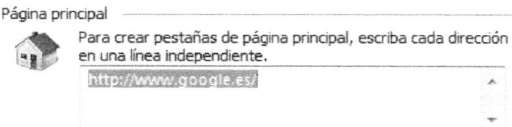

Vamos a poner *www.abc.es*. Pulsamos en **Aceptar**, y posteriormente pulsamos el botón **Página principal** , para comprobar que la página se carga correctamente.

2.2.3 EJERCICIO PRÁCTICO

■ Nos situamos en la barra de dirección y escribimos la siguiente URL: *www.abc.es*

■ Hacemos clic sobre la segunda pestaña de navegación y posteriormente en la barra de dirección escribimos *www.madrid.org*

- En esta página pulsamos en el botón de **Página principal** 🏠 para volver a la página de inicio.

- Posteriormente pulsamos el botón **Atrás**, y se volverá a cargar la página *Madrid.org*.

2.3 BÚSQUEDA DE INFORMACIÓN EN INTERNET

En la actualidad la cantidad de información disponible en Internet es inmensa y crece día a día, lo que implica cierta dificultad para encontrar o para seleccionar aquella que nos interesa.

Prácticamente desde los inicios de Internet hay herramientas para localizar la información. Estos servicios dedicados a recopilar la información de forma estructurada se denominan motores de búsqueda. Actualmente la herramienta que más se utiliza es Google, ya que las búsquedas que realiza son muy rápidas y capaces de ofrecer información relevante.

Para realizar una búsqueda en Google o en cualquier otro buscador, simplemente tendremos que escribir el texto concerniente a la información que deseamos buscar, en la línea de búsqueda y pulsar **INTRO**.

Se visualizará entonces un listado con los diferentes enlaces a páginas con este contenido.

Por ejemplo deseamos buscar una página que nos ofrezca la previsión meteorológica, pero no sabemos la dirección concreta de ninguna.

Accedemos a la página del buscador, vamos a utilizar Google. Escribimos en la barra de dirección *www.google.es*. En la línea de búsqueda escribimos *Tiempo* y pulsamos **INTRO**. Se genera un listado similar al de la imagen siguiente.

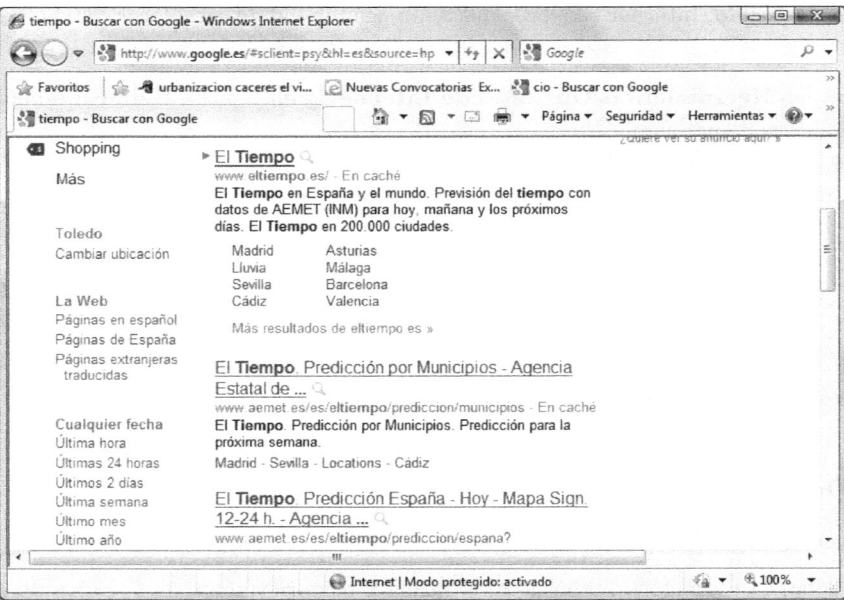

Hacemos clic en el primer enlace y accedemos a una página que nos ofrece la previsión meteorológica en cualquier punto de España. Navegando por dicha página podremos acceder a otra información de interés.

En ocasiones vamos a necesitar filtrar más la información que buscamos, de tal forma que los resultados sean un poco más específicos.

Esto lo conseguiremos siguiendo unas sencillas pautas a la hora de realizar búsquedas:

- Utilizar palabras relacionadas con lo que buscamos.

- Descartar palabras.

- Utilizar las comillas para buscar texto literal.

Vamos a buscar ahora información sobre pintura.

Abrimos el buscador, *www.google.es*, y escribimos en su línea de búsqueda *Pintura*. Los resultados que obtenemos son muy elevados porque la consulta es muy inespecífica, es decir, nos recuperará enlaces a páginas relacionados con pintura de todo tipo.

Para acotar nuestra búsqueda vamos a incluir una segunda palabra: Pintura Goya. Aunque los resultados son muy amplios, se reduce el número de resultados.

Vamos a escribir ahora "Pintura negra" Goya. De esta forma, nos devolverá resultados donde aparezca el texto Pintura negra en este orden y no en cualquier otro y además donde también aparezca la palabra Goya.

Para excluir resultados utilizamos el guión. En el ejemplo anterior, escribimos en el buscador *–Pintura negra* Goya, y nos devolverá los enlaces a paginas que hablan de Goya, excepto aquellos que hablan de su pintura negra.

2.3.1 EJERCICIO PRÁCTICO

Vamos a utilizar Google para buscar información sobre cursos de inglés que se desarrollan en una localidad de Salamanca llamada La Alberca.

2.4 TRANSFERENCIA DE ARCHIVOS

En muchas ocasiones nos surge la necesidad de transferir grandes archivos a través de la red. Para esta finalidad se crea el protocolo de comunicaciones FTP. Se trata de un protocolo de Internet diseñado para la transferencia de archivos entre dos ordenadores conectados a Internet.

FTP significa *File Transfer Protocol* (Protocolo de Transferencia de Archivo). Es un servicio que Internet ofrece para poder enviar y recoger archivos a través de la red. Toda conexión FTP implica la existencia de un equipo que actúa como servidor (aquella en la que subimos o descargamos los archivos) y un cliente. Se puede enviar o recibir toda clase de archivos, ya sean de texto, gráficos, sonido, etc.

Existen dos tipos de accesos a un servidor FTP:

■ Privado, como usuario registrado. El administrador del sistema concede una cuenta al usuario, con lo que le da derecho a acceder a algunos directorios, que para otros usuarios no son visibles o son restrictivos.

■ FTP anónimo, en este tipo de acceso el *login* es *anonymous* y el *password* la dirección de correo electrónico. Esto es una cuenta que usan por defecto los navegadores.

Los navegadores web también nos brindan la posibilidad de descargar archivos. Esta es una forma bastante usual de realizar sesiones FTP, ya que muchas empresas ponen a disposición de los usuarios, en sus respectivas páginas web, sus productos, simplemente pulsando en el botón **descargar** que incorpora la página.

TEST DE CONOCIMIENTOS

1 El protocolo IP,

a) Es el encargado de dividir la información a enviar en pequeños paquetes.

b) Es el encargado de la dirección a la que se envían.

2 ¿Podemos hablar por teléfono a través de Internet?

a) No

b) Sí, a través de la telefonía IP

3 ¿Qué es **World Wide Web**?

a) Es el servicio más utilizado en Internet que nos permite visualizar las páginas web

b) A través de este servicio podemos realizar la transferencia de archivos.

4 ¿Qué es un navegador?

a) Es un programa que nos permite visualizar páginas web y leer el correo electrónico, entre otras cosas.

b) Nos permite única y exclusivamente leer el correo electrónico

5 ¿Qué es Google?

a) Una protocolo de comunicación

b) Una herramienta para buscar información en Internet

6 ¿Qué es una URL?

a) Un buscador.

b) Es un texto que identifica una única dirección de una página Web o recurso dentro de Internet

7 ¿Cómo se denomina al protocolo necesario para la transferencia de archivos?

a) HTTP

b) WWW

c) FTP

3

UTILIZACIÓN DE PROCESADORES DE TEXTO Y APLICACIONES DE AUTOEDICIÓN

Los procesadores de texto son aplicaciones que nos permiten redactar documentos y darles formato. Podemos crear desde documentos simples, únicamente con texto, hasta documentos complejos, en los que se incluyan imágenes, gráficos, e incluso formularios para cumplimentar.

En este capítulo conoceremos el procesador de texto de **Microsoft Office 2010**, **Word 2010** y el procesador de texto **Writer**.

3.1 EMPEZAR A TRABAJAR CON WORD 2007

Lo primero que tenemos que hacer para trabajar con **Word 2010** es abrir el programa.

Hay varias formas de abrir **Word**:

1. Desplegamos el menú **Inicio** de la **Barra de tareas de Windows**, nos situamos en la opción **Todos los programas**, y hacemos clic **Microsoft Office Word 2010**.

2. A través de un acceso directo que encontramos en el escritorio.

3. A través de la barra de inicio rápido.

3.1.1 ENTORNO

Al abrir **Word** nos encontramos con la siguiente pantalla:

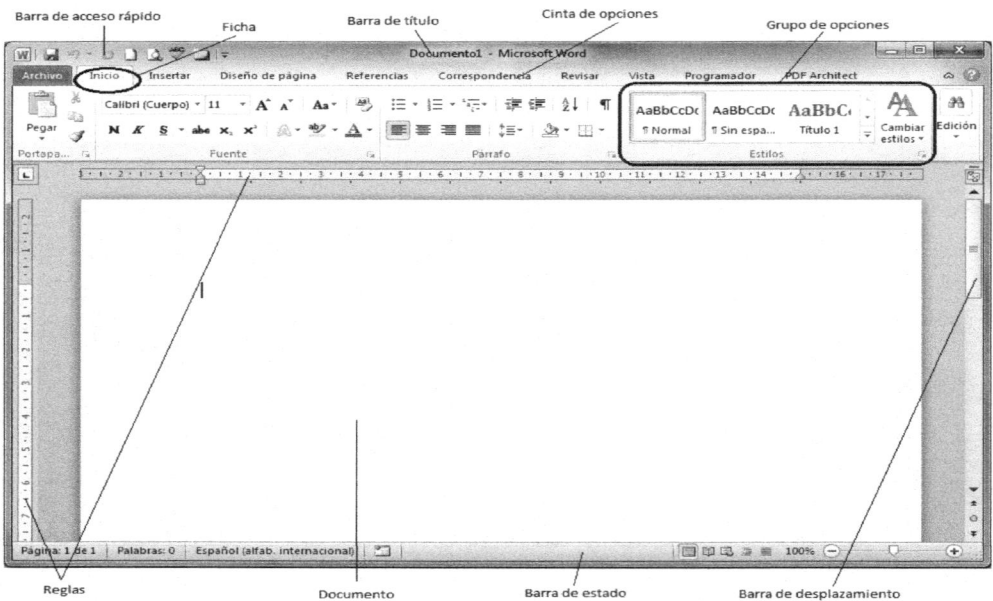

■ **Barra de título**. En esta barra, aparece centrado el nombre del documento que tenemos abierto y el nombre del programa. **Word** le asigna por defecto el nombre *Documento1*. Una vez que guardemos el documento, ese nombre predeterminado se va a sustituir por el nombre que le proporcionemos.

En la parte derecha de la barra de título se encuentran los botones para **Minimizar** (dejar como un botón en la barra de tareas), **Maximizar** (poner a pantalla completa) y **Cerrar** (para cerrar la ventana).

■ **Barra de acceso rápido**. En ella vamos a encontrar un conjunto de comandos independientes de la cinta de opciones. Esta barra se puede personalizar e incluir en ella los comandos y opciones que más utilicemos.

En la siguiente tabla describimos brevemente la función de cada uno de estos botones:

	Al pulsar este botón se abre el cuadro de diálogo Guardar como, con todas las opciones para guardar un archivo.
	Botón Deshacer. Deshace la última acción realizada en el procesador de textos.
	Botón Rehacer. Repite la última acción.
	Este último botón despliega un menú con un listado de comandos, en el cual podemos seleccionar cualquiera de ellos para que se muestren en la barra de acceso rápido.

■ **Cinta de opciones**. Está dividida en fichas. Una **ficha** es cada una de las pestañas que aparecen en la parte superior, por ejemplo: Inicio, Insertar, etc. Los botones correspondientes a cada ficha están organizados en grupos, donde cada uno de ellos realiza una acción diferente. A estos grupos los llamamos **grupos de opciones**. Si vamos pasando el cursor por encima de estos botones se irán mostrando etiquetas que nos indican la función que realiza cada uno de ellos.

■ **Reglas**. Están numeradas en centímetros. A parte de darnos una idea de la dimensión del documento, las reglas nos va a servir para realizar diversas tareas, como cambiar los márgenes, poner tabulaciones, cambiar sangrías, etc. Si no visualizamos las reglas, pulsaremos en la ficha **Vista** y marcamos la opción **Regla**.

■ **Barras de desplazamiento**. Como su nombre indica sirven para desplazarse por el documento; la barra vertical verticalmente y la horizontal horizontalmente.

■ **Barra de estado**. En esta barra fundamentalmente lo que se muestra es información sobre el documento, como cuántas páginas y palabras tenemos, el idioma activo, una banda para modificar el zoom y los botones para cambiar la forma de visualizar el documento.

■ **Documento**. Donde vamos a comenzar a trabajar.

3.1.2 ESCRIBIR Y BORRAR TEXTO

La barra intermitente que aparece en el documento se denomina **cursor** o **punto de inserción**. Y es este cursor el que tenemos que tener en cuenta a la hora de escribir y/o borrar texto.

En cualquier procesador de textos el concepto de párrafo es muy importante. Cuando comenzamos a escribir en **Word**, no debemos pulsar la tecla **INTRO** para pasar a la línea siguiente, esto lo hace **Word** de forma automática. Si la palabra no entra en la línea, automáticamente pasa a la línea siguiente, sin necesidad de que nosotros hagamos nada. Sólo vamos a pulsar **INTRO** cuando se acabe el párrafo, es decir, cuando pongamos punto y aparte. De esta forma el cursor pasará a la línea siguiente para comenzar un nuevo párrafo.

Si queremos incluir líneas en blanco pulsaremos **INTRO** tantas veces como líneas en blanco queramos incluir.

Si lo que queremos es borrar texto, tenemos dos teclas que nos permiten hacerlo:

1. **Retroceso**: Borra carácter a carácter hacia atrás, tomando como base la posición del cursor. Elimina el carácter situado a la izquierda del cursor.

2. **SUPR.**: **Suprimir** borra desde la posición del cursor hacia delante, el carácter situado a la derecha.

3.1.3 DESPLAZAMIENTOS POR EL DOCUMENTO

Ya hemos visto que podemos desplazarnos con el ratón a cualquier punto del texto escrito simplemente situando el puntero del ratón en el lugar deseado y pulsando el botón izquierdo.

También podemos utilizar conjuntos de teclas para desplazarnos por el documento. Las describimos en la siguiente tabla:

Tecla	Función
Las flechas de cursor del teclado.	Las fechas hacia la derecha e izquierda nos permiten desplazarnos un carácter hacia la izquierda o hacia la derecha, depende el que pulsemos. Los cursores hacia arriba y abajo una línea hacia arriba o hacia abajo.
INICIO	Llevaría nuestro cursor al principio de la línea en la que se encuentra.
FIN	Final de la línea en la que está el cursor.
CTRL + INICIO	Principio del documento.
CTRL + FIN	Final del documento.
CTRL + FLECHA ARRIBA	Principio del párrafo anterior.
CTRL + FLECHA ABAJO	Principio del párrafo siguiente.
CTRL + FLECHA DERECHA O IZQUIERDA	Palabra a palabra hacia derecha o izquierda.trozo que se ve en pantalla.
AV. PÁG	Avance de página, avanza sobre la página eltrozo que se ve en pantalla.
RE. PÁG	Retroceso de página, retrocede la página el
CTRL + AV. PÁG	Principio de la página siguiente.
CTRL + RE. PÁG	Principio de la página anterior.

3.1.4 SELECCIONAR TEXTO

Seleccionar texto quiere decir marcarlo. La tarea de seleccionar texto es una de las más importantes de **Word**, porque así es como le indicamos a esta aplicación a qué parte del texto queremos darle una determinada característica. De tal forma, que antes de utilizar ninguna opción, tendremos que marcar o seleccionar el texto.

Tenemos varias formas de hacerlo:

■ Con el ratón:

1. Situamos el cursor (con un clic) en el punto a partir del cual nos interesa iniciar la selección. Mantenemos pulsado el botón izquierdo del ratón y, sin soltar, arrastramos, pasando por encima del texto que queremos seleccionar.

2. Hacemos doble clic sobre una palabra y se selecciona la palabra completa.

3. Triple clic sobre una palabra y se selecciona el párrafo completo.

4. Para seleccionar una línea, hacemos un clic en la barra de selección situada a la izquierda de la línea.

■ Con el teclado:

1. Pulsamos mayúsculas, y sin soltar esta tecla pulsamos cualquier tecla de desplazamiento, por ejemplo el cursor hacia abajo (seleccionaríamos línea a línea hacia abajo), el cursor hacia la derecha (seleccionaríamos caracteres a la derecha del cursor), la tecla fin (seleccionaríamos desde la posición del cursor hasta el final de la línea), etc.

2. Si queremos seleccionar todo el documento pulsamos el conjunto de teclas **CTRL + E**.

Es posible seleccionar varios bloques de texto que no estén situados unos a continuación de los otros.

Para seleccionar distintos bloques de texto, seleccionamos el primero de ellos mediante el método que queramos, y a continuación, manteniendo pulsada la tecla **CTRL**, seleccionamos el segundo bloque de texto.

3.1.5 ABRIR, CERRAR, GUARDAR Y NUEVO ARCHIVO

3.1.5.1 Guardar

Cuando guardamos un documento, lo que estamos haciendo es grabar la información en un medio de almacenamiento, del que posteriormente lo podemos recuperar.

Para guardar, hacemos clic en la ficha **Archivo**. Visualizaremos una serie de opciones y entre ellas se encuentra **Guardar**. Al pulsar en ella se abre un cuadro de diálogo para especificar el nombre del archivo y la ubicación.

Guardar no implica **cerrar**, es decir, el documento sigue abierto para que podamos seguir haciendo modificaciones.

Una vez que hemos guardado el documento por primera vez, las siguientes veces que pulsemos en **Guardar**, se guardarán los cambios sin más, es decir, no va a volver a salir el cuadro de diálogo anterior.

Si quisiéramos guardar el archivo de nuevo, con otro nombre o en otro lugar, en vez de pulsar en la opción **Guardar**, pulsaríamos la opción **Guardar como**. De esta forma volvería a mostrarse el cuadro de diálogo anterior, para indicar un nuevo nombre o un nuevo lugar donde guardarlo.

3.1.5.2 Cerrar un documento

Cuando no vamos a seguir usando el documento pulsamos en la ficha **Archivo** y elegimos la opción **Cerrar**. También podemos pulsar en el botón ❌ del documento.

3.1.5.3 Abrir un documento

Para abrir un documento previamente guardado pulamos en la ficha **Archivo** y posteriormente en la opción **Abrir**. Se visualizará un cuadro de diálogo similar al de *Guardar*, donde tenemos que buscar el archivo que queremos abrir. Una vez localizado, simplemente hacemos doble clic sobre su nombre.

3.1.5.4 Crear documento nuevo

Tenemos la posibilidad de incorporar esta utilidad a la barra de acceso rápido. Para ello pulsamos en el último botón de esta barra de herramientas y en el menú que se despliega elegimos la opción **Nuevo**. De esta forma se incluirá dentro de esta barra de herramientas el icono correspondiente a la creación de un nuevo documento.

Ahora, solamente tendremos que pulsar sobre este nuevo botón y se creará automáticamente un documento en blanco para comenzar a escribir.

Otra posibilidad es pulsar en la ficha **Archivo** y posteriormente en la opción **Nuevo**. Aparecen una serie de iconos y hacemos doble clic en **Documento en blanco**.

3.1.6 COPIAR, CORTAR Y PEGAR

Estas opciones se encuentran en la ficha **Inicio**, en un grupo de opciones llamado **Portapapeles**.

3.1.6.1 Copiar un texto

Para copiar un texto seguiremos los siguientes pasos:

1. Seleccionamos el texto que queremos copiar.

2. Hacemos clic en el botón **Copiar**, incluido en el grupo **Portapapeles** de la ficha **Inicio**. También podemos utilizar el conjunto de teclas **CTRL + C**, o bien, pulsar sobre el texto seleccionado con el botón derecho del ratón y en el menú que se despliega elegir la opción **Copiar**.

3. Situamos el cursor en el punto donde queremos copiar el texto. Puede ser dentro del mismo documento o en otro diferente.

4. Pulsamos en **Pegar**, incluido en el grupo **Portapapeles** de la ficha **Inicio**. También podemos utilizar el conjunto de teclas **CTRL + V**, o bien pulsar en el lugar donde vamos a colocar el texto con el botón derecho del ratón y en el menú que se despliega elegir la opción **Pegar**.

3.1.6.2 Mover un texto

Al trabajar con documentos, es posible que necesitemos reestructurar el texto, mover párrafos de sitio dentro del mismo documento o incluso mover texto de unos documentos a otros.

Los pasos a seguir para desplazar un texto a otro lugar son exactamente iguales que para copiar, la única diferencia es que en vez de pulsar en Copiar, pulsaremos en Cortar.

3.2   FORMATO DEL TEXTO

En este apartado vamos a conocer las opciones que **Word** pone a nuestra disposición para modificar la apariencia del texto.

3.2.1 ASPECTO DEL TEXTO

En el grupo de opciones **Fuente**, se integran todas aquellas características que nos permiten cambiar el aspecto del texto.

Cuando queremos cambiar dichas características, primero tenemos que seleccionar el texto al cual le van a afectar los cambios.

Una vez seleccionado, en la ficha **Inicio** tenemos un grupo de opciones que se llama **Fuente**.

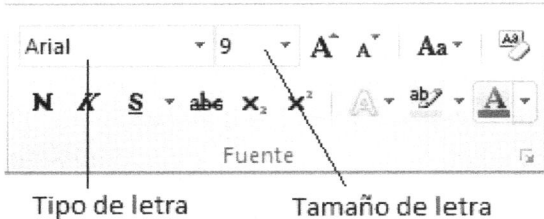

Tipo de letra   Tamaño de letra

El primer desplegable corresponde al tipo de letra. Pulsamos en la fecha lateral y se despliegan todos los tipos de letra ordenados por orden alfabético. Sólo tenemos que elegir la que deseamos utilizar.

A continuación, el tamaño para el texto. El tamaño se mide en puntos. Si en el desplegable no aparece el tamaño se puede escribir en la casilla, pulsando posteriormente la tecla **INTRO**.

En la siguiente tabla detallamos la utilidad de algunos de los botones que aparecen en este grupo de opciones:

$A^{\char94}\ A^{\vee}$	**Aumentar o disminuir fuente**. Estos botones nos van permitir aumentar o disminuir el tamaño de la letra, respectivamente.
	Borrar formato: Cuando el texto seleccionado aparezca con unas características determinadas y queramos volver a poner las características de texto iniciales, pulsaremos este botón.
N	**Negrita**: Pone el texto más grueso
K	**Cursiva**: Inclina el texto.
<u>S</u>	**Subrayado**: Subraya el texto.
ab̶c̶	**Tachado**: Aparece una línea sobre el texto.
x_2	**Subíndice**: Hace el texto más pequeño y lo lleva un poco hacia abajo.
x^2	**Superíndice**: Hace el texto más pequeño y lo lleva hacia arriba.
$\underline{A}$ ▾	**Color del texto**: Cuando pulsamos en la flecha, se despliega una paleta de colores con las diferentes posibilidades de cambio de color del texto.

3.2.1.1 Cambiar mayúsculas y minúsculas

En el grupo de opciones **Fuente**, el botón **Aa** ▾ nos permite, pulsando en la fecha lateral, cambiar el texto a:

1. **Mayúsculas**. Todo en mayúsculas.

2. **Minúsculas**. Todo en minúsculas.

3. **Tipo oración**. La primera letra del párrafo en mayúsculas y resto en minúsculas. Si hay algún punto y seguido, después de punto también mayúscula.

4. **Poner en mayúsculas cada palabra**. La primera letra de cada palabra en mayúsculas y el resto en minúsculas.

5. **Alternar May/Min**. Al contrario de cómo esté el texto.

3.2.1.2 Resaltar

También en este grupo de opciones está el botón **Resaltar** ▾ . Hace la función de los rotuladores fluorescentes. Seleccionamos el color a través del desplegable y posteriormente vamos seleccionando el texto que queremos resaltar. Para desactivar esta opción pulsamos **ESC** en el teclado.

3.2.1.3 Más características para el texto

Todos estos botones que hemos visto hasta ahora son opciones que también están disponibles en el cuadro de diálogo **Fuente**. ¿Por qué aparecen entonces en este grupo de opciones? Los grupos de opciones nos muestran los botones correspondientes a las opciones más utilizadas, para que sea más rápido y cómodo su uso.

El cuadro de diálogo completo se despliega cuando pulsamos en la esquina inferior derecha de esta sección.

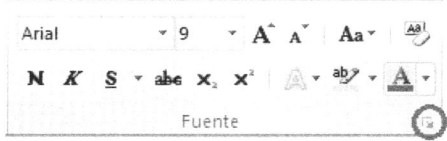

En este cuadro de diálogo, tenemos una opción llamada **Estilo de subrayado** que nos muestra los diferentes estilos de subrayado que le podemos dar al texto. Por ejemplo: *subrayado doble, discontinuo* u *ondulado*. Y a su derecha podemos elegir el color para éste.

Y en la parte inferior de la ventana, los efectos. Se activan marcando la casilla de verificación que les precede y se desactivan desmarcando dicha casilla.

Efecto	Función
Tachado	Una línea sobre el texto.
Doble tachado	Dos líneas sobre el texto.
Superíndice	Eleva el texto de su posición y disminuye la fuente.
Subíndice	Lleva el texto por debajo de su posición normal y disminuye la fuente.
Versales	Todo el texto en mayúsculas, y el que ya estaba en mayúsculas un poquito más grande que los demás.
Mayúsculas	Todo el texto seleccionado en mayúsculas.
Oculto	Se oculta el texto, no será visible.

3.2.2 FORMATO PARA PÁRRAFOS

Las opciones para el texto que vamos a ver a continuación, a diferencia de las anteriores, afectan a párrafos completos. Es decir, si previamente seleccionamos los párrafos a los cuales queremos darles determinadas características, estas se aplicarán a todo lo seleccionado. Pero si no seleccionamos nada se aplicará al párrafo en el que tengamos el cursor.

En la ficha **Inicio** encontramos un grupo de opciones llamado **Párrafo** que aglutina todas las opciones que vamos a estudiar.

3.2.2.1 Alineación

La alineación determina la apariencia de los extremos derecho e izquierdo de las líneas de un párrafo. Para aplicar cualquier tipo de alineación seleccionaremos el texto y posteriormente, en el grupo de opciones **Párrafo**, pulsaremos en cualquiera de los botones correspondientes a la alineación.

Disponemos de 4 tipos de alineación:

Tipo	Botón	Ejemplo
Izquierda		Todas las líneas del párrafo comienzan en el mismo punto, quedando de esta forma el párrafo irregular por su extremo derecho.
Derecha		Todas las líneas del párrafo terminan en el mismo punto, quedando de esta forma el párrafo irregular por su extremo izquierdo.
Centrada		Todas las líneas del párrafo quedarán centradas.
Justificada		Todas las líneas del párrafo empiezan y terminan en el mismo punto, excepto la última línea del párrafo.

3.2.2.2 Sangría

La sangría establece la distancia del párrafo respecto a los márgenes izquierdo o derecho. Es una especie de márgenes para párrafos.

Para aplicar los diferentes tipos de sangría seleccionamos el párrafo y pulsamos en la esquina inferior derecha del grupo de opciones **Párrafo** . Se mostrará un cuadro de diálogo donde hay una sección llamada **Sangría**.

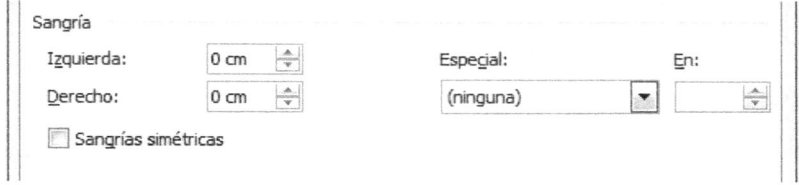

Las sangrías *Izquierda* y *Derecha* afectan a todas las líneas del párrafo. Se miden en centímetros y en sus respectivas casillas indicaremos esa distancia desde el margen hasta el texto.

En la casilla *Especial*, si pulsamos en la flecha que aparece debajo podemos elegir entre *Sangría de primera línea* o *Sangría francesa*. La primera se aplica sólo a la primera línea de cada párrafo, metiendo hacia dentro esa línea el número de centímetros que le indicamos en la casilla *En*. La segunda es contraria a la de primera línea; la primera línea del texto queda completa y el resto hacia dentro el número de centímetros que le hayamos indicado en la casilla *En*.

Veamos un ejemplo, el primer párrafo tiene una sangría de primera línea de 2 cm. y el segundo una sangría francesa de 3 cm.

> La primera se aplica solo a la primera línea de cada párrafo, metiendo hacia dentro esa línea el número de centímetros que le indicamos en la casilla *En*.
>
> La segunda es contraria a la de primera línea; la primera línea queda completa y el resto hacia dentro el número de centímetros que le hayamos indicado en la casilla *En*.

Las sangrías también se pueden modificar a través de la regla, simplemente seleccionado el texto y moviendo los marcadores que aparecen en ella.

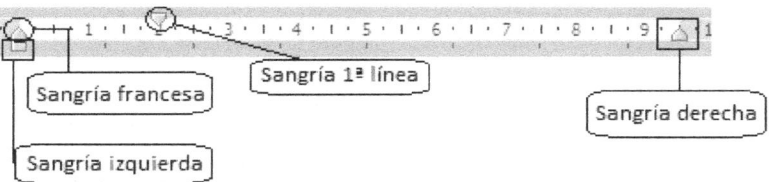

3.2.2.3 Espaciado

Determina la cantidad de espacio en blanco que hay entre un párrafo y otro. El *espaciado anterior* indica el espacio en blanco hasta el párrafo anterior y el *espaciado posterior* indica el espacio en blanco que hay hasta el párrafo siguiente.

Pulsando en la esquina inferior derecha del grupo de opciones **Párrafo** ⌐ , se mostrará el mismo cuadro de diálogo anterior, donde podemos ver una sección llamada **Espaciado**. Esta medida se establece en puntos.

3.2.2.4 Interlineado

En la misma sección que el espaciado también podemos cambiar el interlineado, que se refiere al espacio entre las líneas de un párrafo.

También podemos desplegar estas opciones a través del botón ↕≡▾ que está en el grupo de opciones **Párrafo**.

3.2.3 EJERCICIO GUIADO

Abrimos un nuevo documento en **Word**, pulsando en **Archivo/Nuevo** y escribimos el siguiente texto.

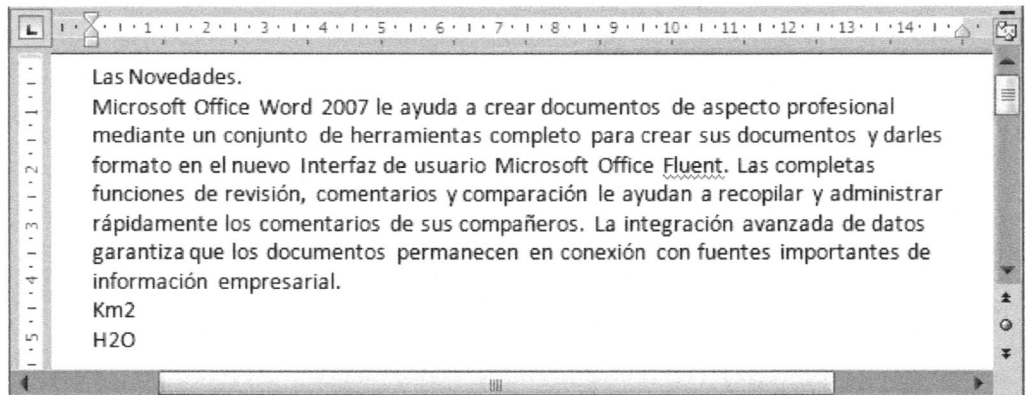

Le vamos a dar las opciones adecuadas para que el documento quede similar al siguiente modelo.

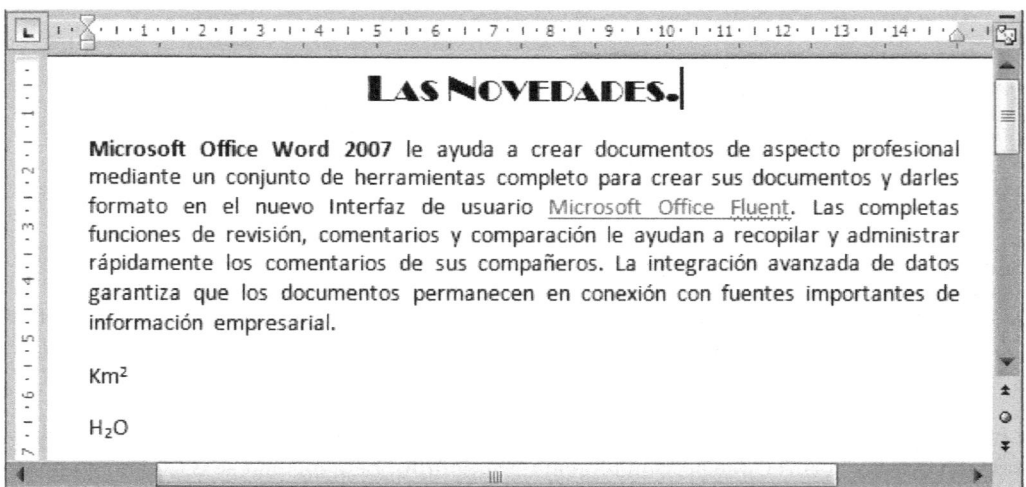

■ Seleccionamos el título y pulsamos en el botón **Centrar** ≡. Pulsamos también en los tipos de letras y elegimos *Brodway* de 20 puntos `Broadway` `20`.

■ Seleccionamos el siguiente párrafo y pulsamos el botón **Justificar** ≡. Para poner las primeras palabras en negrita, una vez seleccionadas, pulsamos en el botón **N**.

■ Las palabras que están en rojo, conseguimos ponerlas así, pulsando en el botón **A** y eligiendo el color adecuado. Y para subrayar, pulsamos en **S**.

■ Posteriormente seleccionamos el carácter 2 de km2 y pulsamos el botón **Superíndice** x^2. y a continuación seleccionamos el 2 restante y pulsamos el botón **Subíndice** x_2.

3.3   INSERTAR SÍMBOLOS

Cuando hemos trabajado con las opciones de **Fuente**, hemos podido observar, que hay tipos de letra que son todo símbolos.

Sería complicado, elegir uno de estos tipos de letra, y acertar con la tecla que corresponde al símbolo que queremos insertar.

Afortunadamente, disponemos del botón **Símbolo**, situado en la ficha **Insertar**, que nos permite visualizar todos los símbolos que componen una fuente y elegir aquel que deseamos insertar. Una vez localizado sólo tendremos que hacer doble clic sobre él para colocarlo en el documento.

3.4   BORDES Y SOMBREADO

Esta función, nos permite mejorar notablemente el aspecto de nuestros documentos, colocando bordes a títulos o partes del documento que deseamos destacar.

Seleccionamos el texto que queremos destacar. Pulsamos en el grupo **Párrafo** de la ficha **Inicio**, en el último botón y elegimos la opción **Bordes y sombreado**.

Se abre el siguiente cuadro de diálogo:

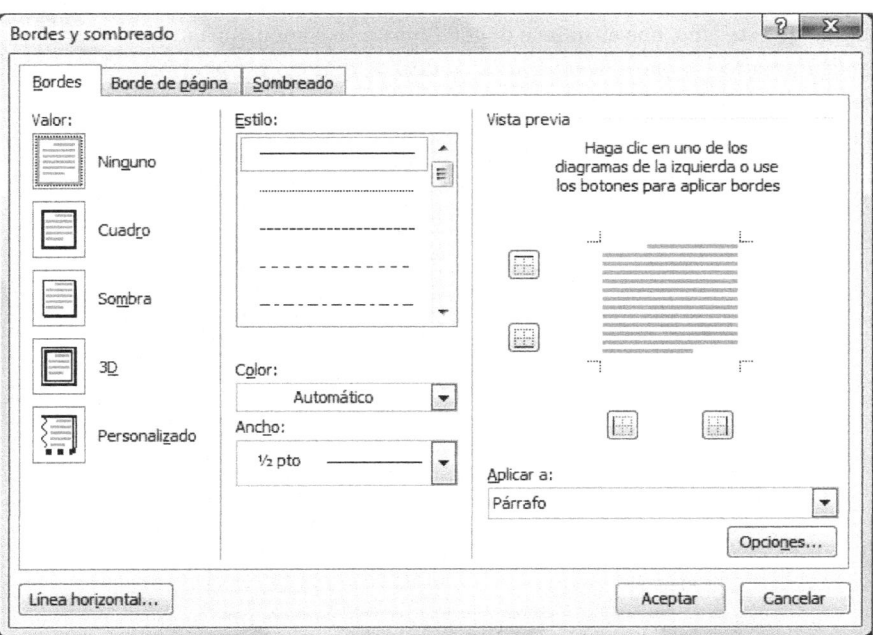

En la ficha **Bordes** elegimos las opciones para establecer cómo será el contorno.

■ **Valor**: en esta área elegimos el tipo de borde, Personalizado, 3D, Sombra, Cuadro o Ninguno.

■ **Estilo**: elegimos el tipo de línea, el color y el grosor de las líneas que formarán el contorno.

■ En el área **Vista previa** podemos ocultar o mostrar todas o algunas de las líneas del borde, pulsando en los botones que aparecen alrededor de la figura.

Una vez elegidas todas las opciones pulsamos **Aceptar**.

En el mismo cuadro de diálogo anterior, también podemos seleccionar un color de fondo o relleno, eligiendo la ficha **Sombreado**.

En **Relleno**, elegimos el color que deseamos para el fondo, y en **Estilo** seleccionamos el nivel de claridad del sombreado.

3.5 TABULACIONES

Las tabulaciones nos van a permitir crear listados de datos en columnas. Por ejemplo, si queremos elaborar un listado de nombres y apellidos. Definimos nuestras posiciones de tabulación, para que al pulsar la tecla tabulador (situada encima del bloqueo de mayúsculas) el cursor se coloque directamente en esa posición.

3.5.1 FIJAR TABULACIONES

Para crear un listado de este tipo, nos situamos donde queremos comenzar a utilizar las tabulaciones y pulsamos en el grupo de opciones **Párrafo** ⌐ para desplegar el cuadro de diálogo y, posteriormente, en la parte inferior en el botón **Tabulaciones**, aparecerá el siguiente cuadro de diálogo:

En él tenemos que definir cada una de las tabulaciones que queremos colocar. Cada tabulación tiene tres características que nosotros tenemos que indicar: *Posición, Alineación* y *Relleno*.

La *Posición* es el centímetro de la regla donde va a estar colocada esa tabulación y se establece en la casilla *Posición*.

La *Alineación* nos va a permitir indicar cómo va a quedar colocada la columna que se va a ir formando, podemos optar por las siguientes posibilidades:

1. **Izquierda**: Alinea todos los textos a la izquierda con respecto a la posición indicada.

2. **Derecha**: Alinea todos los textos a la derecha con respecto a la posición indicada.

3. **Centrada**: El texto se reparte a partes iguales hacia la derecha o hacia la izquierda.

4. **Decimal**: Se utiliza para números con decimales y la coma decimal quedaría colocada en la posición del tabulador. La parte entera se extiende hacia la izquierda y la decimal hacia la derecha.

5. **Barra**: Dibuja una línea vertical en la posición de la tabulación. El cursor no para en esa posición.

Y el *Relleno* es el carácter que completa el espacio en blanco entre una tabulación y otra. Siempre está a la izquierda de la tabulación.

Una vez que hemos definido para la primera tabulación las tres características pulsamos en el botón **Fijar**. De esta forma la tabulación pasa al listado de tabulaciones y podemos cambiar los valores para definir la siguiente.

Cuando hayamos definido todas las tabulaciones pulsamos en el botón **Aceptar**. En la regla podremos observar unas marcas negras, cada una de las cuales pertenece a una tabulación definida.

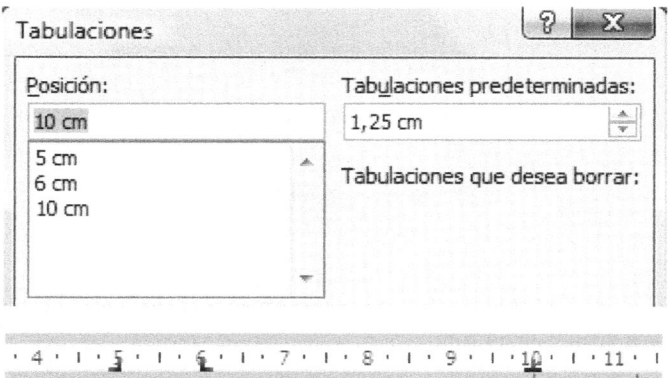

Para escribir, pulsamos el tabulador, el cursor se desplazará hasta la primera marca de tabulación y escribimos el texto correspondiente. Volvemos a pulsar el tabulador y se desplazará hasta la siguiente marca de tabulación, y así sucesivamente.

Veamos el ejemplo de un texto con las tabulaciones anteriores:

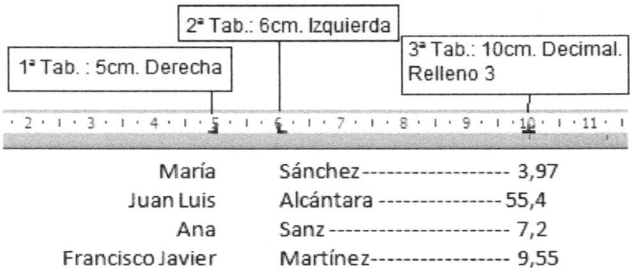

También podemos fijar las tabulaciones directamente desde la regla, sin necesidad de abrir el cuadro de diálogo de tabulaciones. Los pasos que tendremos que seguir son los siguientes:

1. Nos situarnos en el punto donde vamos a comenzar a escribir con tabulaciones.

2. En la parte izquierda de la regla, seleccionar la tabulación que deseamos utilizar. Si hacemos clic repetidas veces irán apareciendo las marcas correspondientes a cada una de las alineaciones posibles para tabulaciones, que son:

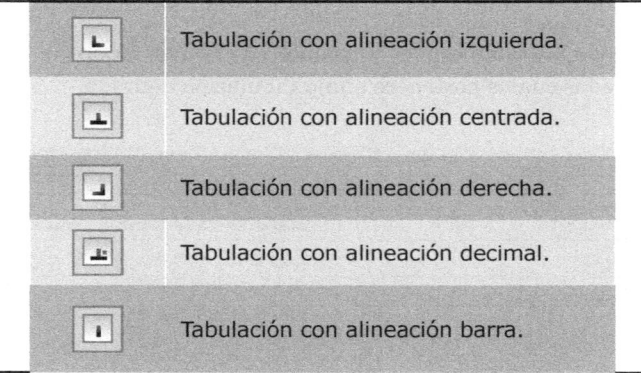

3. Una vez que aparece la tabulación que nos interesa utilizar hacemos clic en el centímetro de la regla donde vamos a situar dicha tabulación.

4. Repetiremos estos pasos para cada tabulación.

. . . .

3.5.2 MODIFICAR TABULACIONES

Cuando queremos hacer alguna modificación, tenemos que seleccionar el texto que vamos a cambiar.

Una vez seleccionado podemos modificar: *Posición*, *Alineación*, o *Relleno*.

Si es la *Posición* la característica que vamos a modificar, la forma más fácil de cambiarlo es a través de la regla. Localizamos el marcador correspondiente a la tabulación que deseamos cambiar y lo arrastramos.

Si lo que queremos cambiar es la *Alineación* o el *Relleno*, entonces accedemos al cuadro de diálogo de **Tabulaciones**, seleccionamos la tabulación que queremos modificar y realizamos los cambios. Una vez hechos estos cambios pulsamos en el botón **Fijar**.

3.5.3 BORRAR TABULACIONES

Para borrar una tabulación, desde la regla, hacemos clic sobre la posición de tabulación que queremos eliminar y sin soltar la arrastramos fuera de la regla.

3.5.4 EJERCICIO PRÁCTICO

Vamos a realizar un ejercicio donde practicaremos las tabulaciones, bordes y sombreado e insertar símbolos.

Deseamos crear el siguiente documento con estas características:

■ Tipo de letra: *Comic Sans Ms*, 10 puntos.

■ Titulo centrado y con un borde personalizado.

■ Tabulaciones: 1cm. Izquierda, 7,75cm. derecha, y 11, 75cm. decimal. Esta última tiene relleno.

■ Por último insertaremos el símbolo que se muestra en el documento repetido varias veces. Esta sacado de la fuente *Webdings*.

3.6 NUMERACIÓN Y VIÑETAS

Llamamos *Lista con viñetas* a una serie de párrafos donde a cada uno de ellos le precede el mismo símbolo.

Y *Lista numerada* es aquella donde a cada párrafo le precede una numeración, que podrán ser de letras, números arábigos, números romanos, etc.

3.6.1 LISTAS CON VIÑETAS

- Lista con viñetas
- Lista con viñetas Lista con viñetas Lista con viñetas Lista con viñetas Lista con viñetas Lista con viñetas
- Lista con viñetas

Para crear una lista con viñetas:

1. Nos situamos en el lugar donde vaya a comenzar dicha lista.

2. Pulsamos en el botón **Viñetas** ⋮☰ ▾ , situado en la ficha **Inicio**, dentro del grupo **Párrafo**, y aparecerá el primer símbolo en pantalla.

3. Escribimos el texto correspondiente al primer párrafo y pulsamos **INTRO**. Al pulsarlo aparece el nuevo símbolo para el siguiente párrafo, escribimos el texto y pulsamos de nuevo **INTRO**, y así sucesivamente hasta terminar el listado.

4. Cuando queremos volver a escribir texto normal, sin viñetas, pulsamos **INTRO** y aparece un nuevo símbolo. Sin escribir texto pulsamos de nuevo la tecla **INTRO** y las viñetas quedarán desactivadas.

Si el texto al cual le vamos a asociar viñetas ya está escrito, procederemos de la misma forma, pero previamente seleccionamos el texto.

Es posible que al realizar la *Lista con viñetas* queramos utilizar un símbolo distinto al predeterminado, o incluso una imagen. Esto puede hacerse pulsando la flecha que incorpora el botón **Viñetas** ⋮☰ ▾ .

Se despliega un menú, en el que, en la parte superior, aparecen las **Viñetas usadas recientemente**. Si entre ellas está la que deseamos utilizar, simplemente tenemos que seleccionarla y seguir los pasos que hemos enumerado anteriormente. Si lo que queremos es una viñeta nueva, en la parte inferior disponemos de una opción llamada **Definir nueva viñeta**. Pulsamos y aparecerá un nuevo cuadro de diálogo para darle las características que deseamos.

3.6.2 LISTAS NUMERADAS

El funcionamiento de las listas numeradas es similar al de las listas con viñetas. Pulsamos en el botón **Numeración** ☷▾ situado en el grupo **Párrafo**, dentro de la ficha **Inicio**, y se despliega un menú donde podemos elegir uno de los siete tipos distintos de numeración que se muestran en la biblioteca de numeración.

Una vez elegido el estilo de numeración, funciona exactamente igual que las viñetas.

Además, en la parte inferior del menú anterior, aparecen dos opciones que vamos a ver a continuación: **Definir nuevo formato de número** y **Establecer valor de numeración**.

Es posible que al elaborar nuestra *Lista numerada* no exista en la biblioteca ningún formato que se adapte a la que queremos utilizar, para ello utilizamos la opción **Definir nuevo formato de número**. A través de esta opción vamos a poder elegir otros estilos de numeración diferentes y otras características para la lista.

Cuando comenzamos una *Lista numerada* siempre empieza por el principio, por el 1, por la A, etc. ¿Cómo podemos comenzar por otro número? Pues bien, pulsando en el botón **Numeración**, otra de las opciones que se muestran es **Establecer valor de numeración**. Al pulsar esta opción, se muestra un pequeño cuadro de diálogo que nos va a permitir empezar en cualquier valor.

3.7 CONFIGURACIÓN DE PÁGINA

A través de las opciones de configuración de página vamos a establecer unas características generales para el documento, como los márgenes, el tamaño del papel, la orientación, etc.

Para acceder a estas características nos situamos en la ficha **Diseño de página** y dentro encontramos un grupo llamado **Configuración de página**.

Para acceder al cuadro de diálogo completo pulsamos en la esquina inferior derecha :

3.7.1 MÁRGENES

Es la distancia que hay desde el borde de la página hasta el texto, por los cuatro lados del documento. Se miden en centímetros.

Disponemos también de la casilla *Encuadernación*, para poder añadir un espacio adicional, en el caso de que el documento se vaya a encuadernar.

3.7.2 ORIENTACIÓN

La orientación del papel, también se encuentra en la ficha **Márgenes**. Podemos elegir entre horizontal o vertical.

3.7.3 TAMAÑO PAPEL

De forma predeterminada, cuando comenzamos un documento, el tamaño del papel es A4 (21x29), pero podemos modificar este tamaño a otro de los definidos o establecer el alto y ancho en cm.

Esta característica se encuentra en la ficha **Papel**:

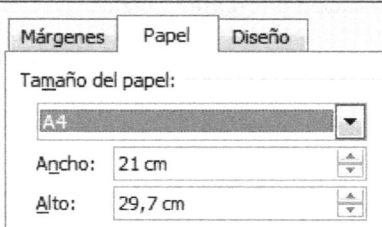

3.7.4 ALINEACIÓN VERTICAL

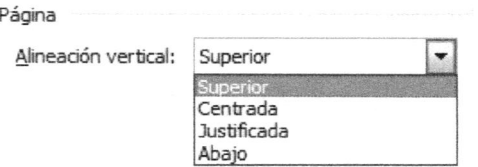

En la ficha **Diseño** del cuadro de diálogo **Configurar Página** encontramos esta opción.

Se refiere a la alineación vertical, es decir, de arriba a abajo de la página.

3.8 SALTOS DE PÁGINA Y DE SECCIÓN

Cuando redactamos un documento, a medida que vamos escribiendo, **Word** crea las páginas de forma automática cuando se agota el espacio.

En ocasiones, desearemos pasar a una nueva página sin haber finalizado la anterior. Para esto utilizamos los saltos de página.

Podemos hacerlo de dos formas:

- Con el conjunto de teclas **CTRL+INTRO**.

- Pulsando en el botón **Saltos** de la ficha **Insertar**. Tendremos que elegir **Salto de página**.

Una sección, es una herramienta de **Word** que nos permite dividir un documento en diferentes partes, para poder aplicar formatos distintos a cada una de ellas.

Algunos de estos formatos que necesitan de secciones en un documento son los siguientes:

■ Márgenes, orientación del papel o tamaño diferente para una parte del documento.

■ Número de columnas en una parte del documento distinto al de otra parte del mismo documento.

■ Numeración de páginas distintas.

■ Encabezados y pies de página diferentes.

Para insertar un salto de sección situamos el cursor en el punto donde queremos comenzar la nueva sección y pulsamos en el botón **Saltos** del grupo **Configurar página** en la ficha **Diseño de página**.

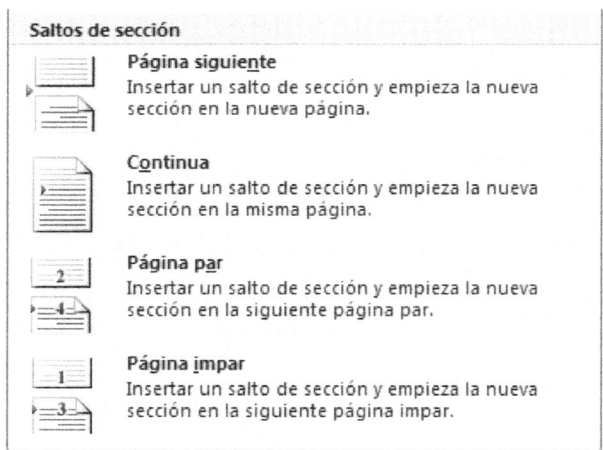

■ **Página siguiente**. **Word** introduce un salto de sección y además incorpora un salto de página.

■ **Continua**. El salto de sección se insertará en la posición del cursor.

■ **Página par**. Se inserta el salto de sección y el cursor se colocará en la siguiente página par.

■ **Página impar**. Se inserta el salto de sección y el cursor se colocará en la siguiente página impar.

3.9 ENCABEZADO Y PIE DE PÁGINA

El encabezado y pie de página es una parte del documento, en la que podemos insertar texto, imágenes o cualquier otro elemento de **Word**, que se repetirá en todas las páginas del documento.

La diferencia fundamental entre encabezado y pie de página es que el encabezado aparece en la parte superior del documento y el pie en la parte inferior.

En la ficha **Insertar** encontramos el grupo **Encabezado y pie de página**.

Al pulsar en el botón **Encabezado**, se despliega un menú donde podemos ver la opción **Editar encabezado**. Con esto entramos en la sección de encabezado.

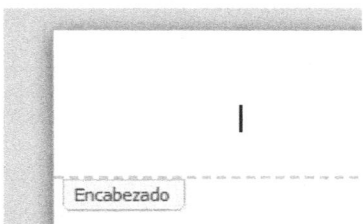

En el interior de esta línea punteada es donde vamos a incluir los elementos pertenecientes al encabezado que queremos que se repitan a lo largo del documento.

También se mostrará una nueva ficha llamada **Diseño**, donde se sitúan las herramientas para elaborar el encabezado y/o pie de página.

3.9.1 CAMBIAR ENTRE ENCABEZADO Y PIE

Una vez que hemos accedido al encabezado podemos cambiar de forma rápida al pie de página pulsando en la ficha **Diseño**, en el botón **Ir al pie de página**, del grupo **Navegación**.

De igual forma, si estamos situados en el pie y queremos ir al encabezado pulsamos en **Ir al encabezado**.

3.9.2 NÚMEROS DE PÁGINA

Para insertar los números de página disponemos de un botón en el grupo **Encabezado y pie de página** llamado **Número de página**, dentro de la ficha **Diseño**.

Al pulsar este botón se despliega un menú para poder elegir la posición donde queremos colocar el número de página, al principio de la página (en el encabezado), al final de la página (en el pie de página), en los márgenes, así como el formato que le queremos aplicar. Al pulsar en cada una de estas opciones se despliegan las diferentes posibilidades por las que podemos optar.

A través de la opción **Formato del número de página** podemos cambiar el estilo de numeración.

1. **Formato de número**: Elegimos el estilo de numeración que vamos a utilizar; números romanos, letras, etc.

2. **Numeración de páginas**: En esta sección podemos elegir si la numeración se va a realizar de forma continua para las distintas secciones del documento o si queremos iniciar en otro número distinto al del comienzo.

3.9.3 OTROS ELEMENTOS

En el grupo de opciones **Insertar**, incluido en la ficha **Diseño**, nos encontramos los siguientes botones:

- **Fecha y hora**: A través de este botón podemos insertar la fecha y hora actual. Se despliega un cuadro de diálogo donde podremos elegir el formato que queremos utilizar y si queremos que este dato se actualice de forma automática o no.

- **Elementos rápidos**: Son elementos que ya están elaborados. Solamente tenemos que elegirlos y se insertarán en el punto donde esté colocado nuestro cursor.

- **Imagen**: Utilizamos esta opción para insertar imágenes desde archivo.

- **Imágenes prediseñadas**: Con este botón desplegamos las imágenes de la Galería de Office para elegir la que queremos insertar.

3.9.4 OPCIONES DE REPETICIÓN

Hemos definido anteriormente el encabezado y pie de página como una sección del documento que se repite a lo largo del mismo.

A través del grupo **Opciones** de la ficha **Diseño**, podemos establecer cómo se va a realizar la repetición.

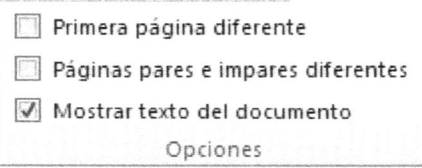

1. **Primera página diferente**: si marcamos esta opción tenemos la posibilidad de elaborar un encabezado y pie para la primera página y otro para el resto del documento.

2. **Pares e impares diferentes**: con esta opción vamos a poder crear un encabezado que se repita en las páginas pares y otro encabezado para las páginas impares.

Estas dos opciones son compatibles, es decir, si marcamos las dos, podremos crear un encabezado exclusivo para la primera página y para el resto del documento, pares e impares diferentes.

3.9.5 POSICIÓN DEL ENCABEZADO

Tanto el encabezado como el pie de página de un documento tienen una posición predeterminada. El encabezado a 1,25 cm. del borde superior de la página y el pie a 1,25 cm. del borde inferior de la página.

Estas posiciones podemos cambiarlas dentro de la ficha **Diseño** en el grupo **Posición**.

3.9.6 EJERCICIO PRÁCTICO

Intentaremos reproducir el documento que se muestra a continuación con las siguientes características:

- <u>Configuración de página</u>: Alineación centrada

■ <u>Encabezado</u>: Libro de recetas y la numeración de páginas

■ Texto del documento:

   – Título: Tipo de letra *Snap* ITC de 20 puntos color naranja.

   – Subtítulo: Tipo de letra *Century Gothic* de 12 puntos, alineado a la derecha y con un borde personalizado.

   – Resto del texto: Viñetas.

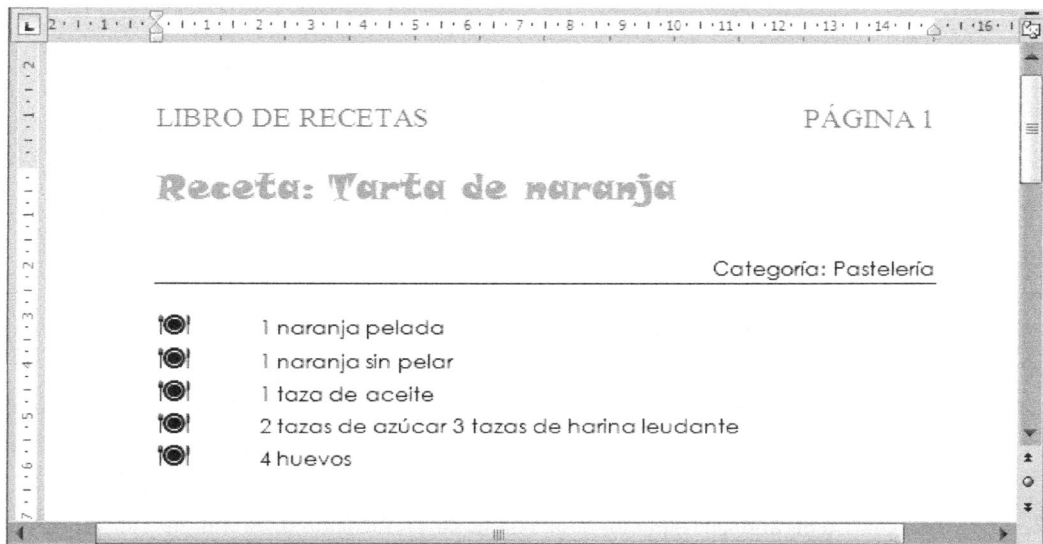

3.10 COLUMNAS

Podemos escribir nuestro texto en varias columnas. Para ello, colocamos el cursor en el punto donde vamos a comenzar a escribir con este formato y pulsamos en la ficha **Diseño de página**, en el grupo **Configurar página**, en el botón **Columnas**.

Se despliega un menú con las columnas predeterminadas y en la parte inferior elegimos la opción **Definir columnas**. Se muestra el siguiente cuadro de diálogo:

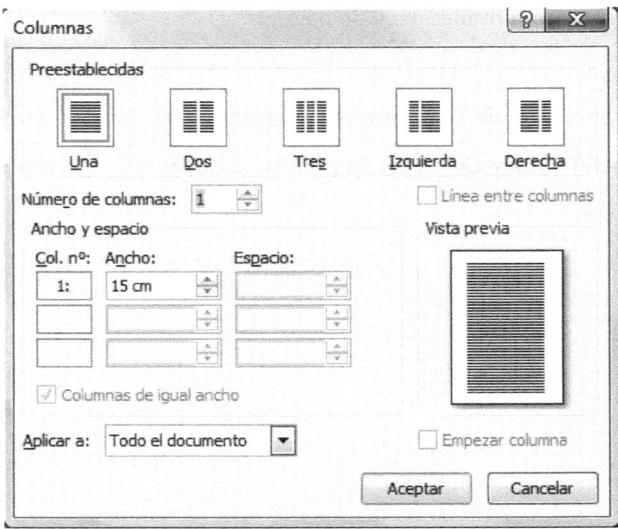

En la parte superior aparecen las columnas preestablecidas, donde podemos elegir si queremos escribir a una, dos o tres columnas iguales; o las dos últimas donde la derecha o la izquierda son más pequeñas.

Además, debajo hay una casilla donde podemos establecer directamente el número de columnas a utilizar. Y en la parte inferior disponemos de unas casillas donde vamos a poder elegir el ancho de cada columna y el espacio que hay entre ellas. Estas medidas se establecen en centímetros.

A la derecha de este cuadro de diálogo, tenemos una casilla de verificación para dibujar una línea vertical entre cada una de las columnas del documento.

Y por último, y lo más importante, la casilla **Aplicar a**:

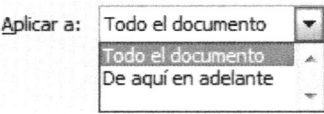

1. **Todo el documento**. Si elegimos esta opción, el documento completo se distribuye en el número de columnas elegidas.

2. **De aquí en adelante**. La distribución en columnas tendrá efecto solamente desde el punto donde tenemos situado el cursor en adelante.

....

3.10.1 **TRABAJANDO CON COLUMNAS**

Una vez que ya tenemos establecido el formato de columnas, comenzamos a escribir el texto en la primera columna. Si rellenamos la primera página completa, de forma automática, sin necesidad de hacer nada empezaríamos a escribir en la segunda columna.

¿Pero qué sucede si escribimos dos o tres líneas y queremos pasar a la segunda columna? Pues bien, tendríamos que realizar un salto de columna, siguiendo estos pasos:

1. Nos situamos al final del texto de la primera columna.

2. Pulsamos en la ficha **Diseño de página**, dentro del grupo **Configurar página**, el botón **Saltos**.

3. Elegimos **Columna** y el cursor se moverá hasta la columna siguiente.

Repetiremos estos pasos cada vez que queramos pasar de una columna a la siguiente.

Sin necesidad de pulsar en estas opciones de menú, podemos realizar el salto de columnas con la siguiente combinación de teclas: **CTRL + MAY + INTRO**

3.10.2 EJERCICIO GUIADO

Vamos a crear el siguiente documento.

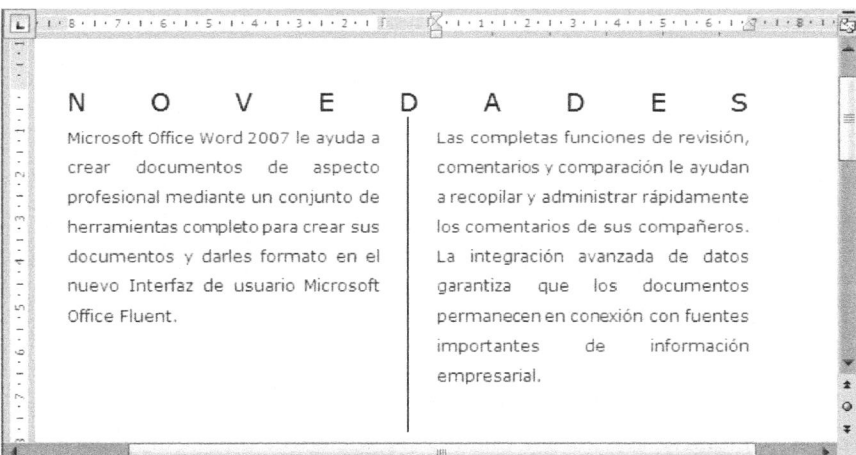

■ Creamos un documento nuevo y escribimos el título: *Novedades*. Pulsamos **INTRO**.

■ Ahora vamos a escribir el texto en columnas. Pulsamos en la ficha **Diseño de página** y en el grupo **Configurar página** pulsamos en **Columnas/Más columnas**.

■ En el cuadro de diálogo que se despliega, elegimos 2, marcamos la casilla de **Línea entre columnas** y en la parte inferior, en la sección **Aplicar a**, elegimos **De aquí en adelante**.

■ Escribimos el texto correspondiente a la primera columna.

■ Para pasar a la siguiente columna, situados al final del texto pulsamos **CTRL+MAY+INTRO** (salto de columna). Y ya podemos escribir el texto de la segunda columna.

■ Para que el título nos quede como en el documento, lo seleccionamos y le damos un tamaño de *16 puntos*. Además pulsamos la combinación de teclas **CTRL+MAY+J**, para que quede estirado en toda la línea.

3.11 TABLAS

Las tablas son un potente elemento de **Word**. Están formadas por filas y columnas, que nos permiten organizar la información muy fácilmente.

Para crear una tabla, situamos el cursor en el punto donde queremos insertarla. Pulsamos en la ficha **Insertar**, en el botón **Tabla** del grupo **Tablas**.

Desde este menú que se despliega podemos insertar la tabla de dos formas:

1. Seleccionando en la cuadrícula el número de filas y columnas que tendrá la tabla.

2. Pulsando en **Insertar tabla**, donde nos aparecerá un cuadro de diálogo como el siguiente, para indicar el número de filas y columnas.

De cualquier forma, en pantalla se mostrará la tabla con el número de filas y columnas elegido.

Una vez creada la tabla aparecen dos nuevas fichas donde se encuentran todas las herramientas sobre las tablas: **Diseño** y **Presentación**.

3.11.1 DESPLAZAMIENTOS POR LA TABLA

Las formas de desplazarse por la tabla son:

1. Utilizando la tecla del **Tabulador** pasamos a la celda (casilla) de la siguiente columna. Si estamos al final de una fila, pasará a la primera celda de la fila siguiente.

2. Si, en lugar de avanzar, queremos retroceder a la celda inmediatamente anterior, pulsamos la combinación de teclas **MAY + Tabulador**.

3. Otra posibilidad es utilizar los cursores del teclado.

4. Directamente con el ratón podemos posicionarnos sobre una determinada celda.

Cuando estamos situados en la última celda de la tabla, al pulsar la tecla del **Tabulador**, automáticamente se añadirá una nueva fila, al final de la tabla.

3.11.2 ANCHO Y ALTO DE FILAS Y COLUMNAS

Para cambiar rápidamente la altura o anchura de las filas, debemos situar el puntero del ratón en la línea que divide la columna o fila que pretendemos modificar. Cuando el puntero se muestra como una flecha de doble dirección, arrastramos hacia donde corresponda, arriba, abajo, izquierda o derecha,

Si tenemos seleccionada una parte de la tabla y procedemos a cambiar el ancho o alto de filas o columnas sólo se cambiará de la parte seleccionada.

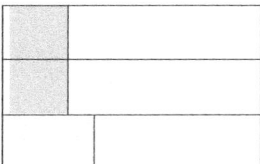

3.11.3 INSERTAR FILAS Y COLUMNAS

Una vez que tengamos elaborada la tabla, probablemente, nos surgirá la necesidad de insertar filas y/o columnas. Disponemos de un grupo de opciones en la ficha **Presentación** que agrupa todas ellas. Se llama **Filas y columnas**.

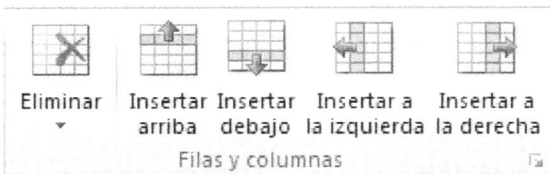

1. Para insertar una fila: situamos el cursor al lado de donde queramos insertar la fila, y vamos a tener la posibilidad de insertarla por encima de la posición del cursor, en cuyo caso pulsaremos el botón **Insertar arriba** o insertarla por debajo. En este caso pulsaremos **Insertar debajo**.

2. Para insertar una columna: en el caso de nuevas columnas vamos a poder situarlas a la izquierda o derecha de la posición del cursor, pulsando en **Insertar a la izquierda** o en **Insertar a la derecha**, según corresponda.

3.11.4 ELIMINAR FILAS, COLUMNAS O TABLA

Cuando vamos a eliminar una parte de la tabla o la tabla completa, lo mejor es seleccionar aquella parte que deseamos quitar.

Una vez seleccionado, pulsamos en el botón **Eliminar** del grupo de opciones anterior, y en el menú que se despliega elegimos la opción que corresponda.

3.11.5 ESTILOS DE TABLA

Una vez que hemos introducido todos los datos en la tabla, aunque también podemos hacerlo antes, es posible mejorar la apariencia de la misma. Para ello, disponemos de dos alternativas, o bien aplicamos a la tabla un diseño personalizado (más laborioso, en el que tenemos que seleccionar la apariencia del texto, de las celdas, la alineación, etc.) o bien podemos aplicar directamente a la tabla uno de los estilos que el programa nos proporciona.

Para realizar esta última operación, nos situamos sobre la tabla a la cual queremos aplicarle algún estilo. A continuación, dentro de la ficha **Diseño**, pulsamos en uno de los estilos que se visualizan en el grupo **Estilos de tabla**.

A través del grupo **Opciones de estilo de tabla**, podemos elegir a qué parte de la tabla queremos aplicarle o no el estilo elegido.

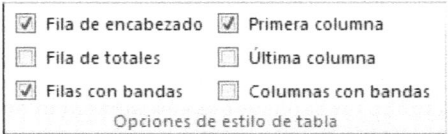

Generalmente en las tablas, la primera y última fila, y la primera y última columna se destinan a títulos y resultados, de tal forma que se les da un formato especial. Pues bien, a través de las **Opciones de estilo de tabla** podemos aplicar o desactivar el estilo a estas filas y columnas.

3.11.6 COLOR DE FONDO Y BORDES

Al elegir un estilo la tabla, ésta cambia por completo y se adapta a las características del estilo.

También es posible aplicar estas características sin elegir ningún estilo en particular, sino que vamos seleccionando celdas y aplicando el color de fondo y borde que nos interese.

Para aplicar un color de fondo, previamente seleccionamos las celdas que vamos a modificar y a continuación pulsamos en el grupo **Estilos de Tabla**, situado en la ficha **Diseño**, en el botón **Sombreado**.

Para cambiar las líneas de división, disponemos de un grupo de opciones completo, **Dibujar bordes**.

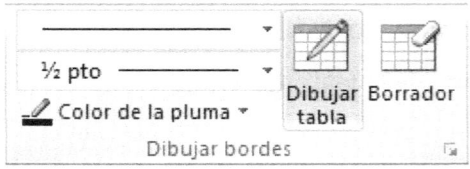

Para cambiar las líneas de la tabla seguiremos estos pasos:

1. Pulsamos en el botón **Dibujar tabla**. De esta forma el puntero del ratón se convierte en un lápiz.

2. Elegimos, en el primer desplegable, el tipo de línea que vamos a utilizar (discontinua, doble, etc.).

3. Elegimos el grosor en el segundo desplegable.

4. Por último, en la parte inferior elegimos el **Color de la pluma**, es decir, el color para la línea que vamos a dibujar.

5. Ahora arrastramos el puntero del ratón por las líneas que queremos modificar.

De esta forma también podemos dibujar nuevas líneas, por ejemplo, para crear una nueva columna.

3.11.7 COMBINAR Y DIVIDIR CELDAS

Combinar significa unir celdas. En la ficha **Presentación** tenemos el grupo **Combinar**, donde vamos a encontrar estas opciones.

Word nos permite combinar conjuntos de celdas contiguas. Para ello tenemos que seleccionarlas y pulsar el botón **Combinar celdas**. Todas las celdas seleccionadas se convierten en una sola.

Veamos un ejemplo:

TÍTULO DE LA TABLA		

En este ejemplo se ha seleccionado la primera fila y se han combinado las tres celdas para poder colocar el título.

En el caso de la división de celdas, nos tenemos que situar en la celda que pretendemos dividir y pulsar el botón **Dividir celdas**. Se mostrará un cuadro de diálogo para indicar el número de filas y columnas en que vamos a dividir la celda.

3.11.8 ALINEACIÓN

Para modificar la alineación del contenido de las celdas de una tabla seguimos estos pasos:

1. Seleccionamos el bloque de celdas cuya alineación queremos cambiar.

2. Nos situamos en la ficha **Presentación**, grupo de opciones **Alineación**. Disponemos de nueve alineaciones diferentes.

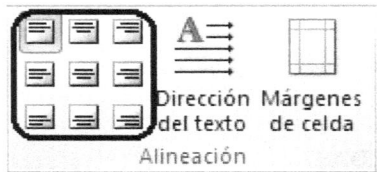

3. Seleccionamos el tipo de alineación que más nos interesa.

Ejemplo de las diferentes alineaciones:

Superior Izquierda	Superior Centro	Superior Derecha
Centrada Izquierda	Centrada Centro	Centrada Derecha
Inferior Izquierda	Inferior Centro	Inferior Derecha

3.11.9 DIRECCIÓN DEL TEXTO

El texto de una celda lo podemos mostrar con tres direcciones distintas. Tal y como aparece por defecto es en horizontal, en vertical hacia arriba o en vertical hacia abajo.

Texto con alineación horizontal	Texto con alineació n vertical hacia arriba	Texto con alineació n vertical hacia abajo

Para cambiar la dirección del texto seleccionamos las celdas a modificar y pulsamos en el botón **Dirección del texto** del mismo grupo anterior, **Alineación**. Lo pulsamos de forma repetida hasta visualizar la dirección elegida.

3.11.10 DISTRIBUCIÓN DE FILAS Y COLUMNAS

En la ficha **Presentación**, dentro del grupo **Tamaño de celda**, disponemos de dos botones muy útiles que nos permiten redistribuir el espacio:

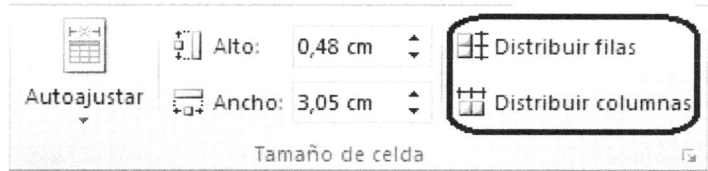

1. **Distribuir filas**: Redistribuye el espacio de las filas seleccionadas para que queden todas de la misma altura.

2. **Distribuir columnas**: redistribuye el espacio de las columnas seleccionadas para que queden todas del mismo ancho.

En este mismo grupo de opciones tenemos también el botón **Autoajustar**, que nos permite adaptar el tamaño de la tabla a la ventana, al contenido, etc. Las opciones que se despliegan son las siguientes:

1. **Autoajustar a la ventana**: El ancho de la tabla se ajusta al ancho disponible en el papel.

2. **Autoajustar al contenido**: El ancho de la tabla se ajusta al contenido de las celdas de la tabla.

3. **Ancho de columna fijo**: El ancho de las columnas permanece fijo aunque varíen las características del papel o del contenido de la tabla.

3.11.11 EJERCICIO PRÁCTICO

Intentaremos reproducir la tabla que se muestra en la imagen siguiente.

Herramientas de tabla utilizadas: combinar celdas, alineación vertical y horizontal, alto y ancho de celdas.

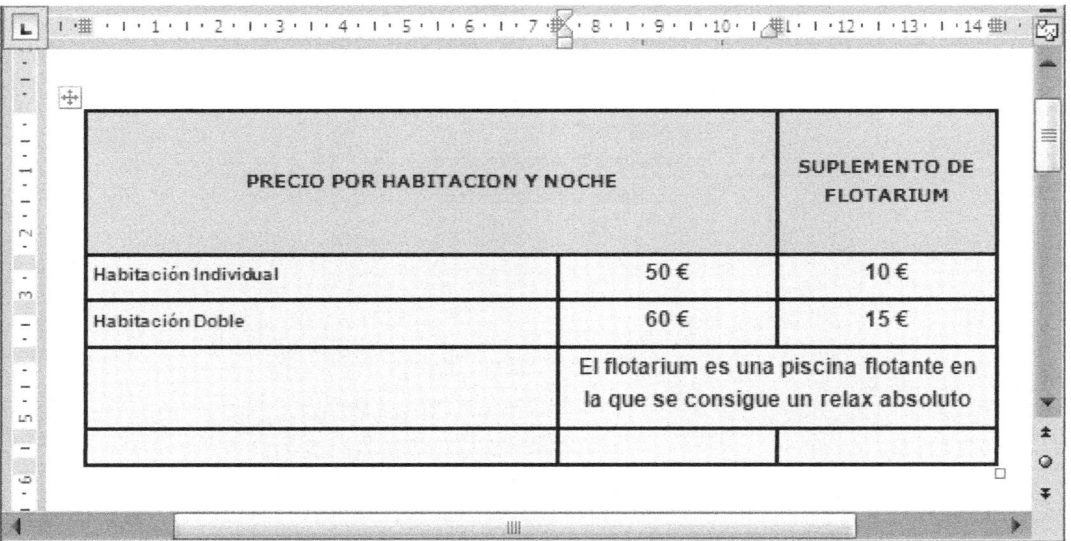

3.12 IMÁGENES

Podemos hacer más vistosos nuestros documentos incluyendo junto al texto imágenes.

Word nos proporciona una extensa biblioteca de imágenes que abarca gran cantidad de temas, son las *Imágenes prediseñadas*.

Por otro lado, podemos insertar imágenes que provengan de otras fuentes, como por ejemplo, de una cámara digital, de un escáner, o simplemente imágenes descargadas de Internet. En este caso serían *Imágenes desde Archivo*.

3.12.1 INSERTAR IMAGEN

Para insertar imágenes en un documento, nos situamos en la ficha **Insertar** y donde encontramos el grupo **Ilustraciones**.

3.12.1.1 Imágenes prediseñadas

Al pulsar en el botón correspondiente a **Imágenes prediseñadas** se despliega, en la parte derecha de la pantalla el **Panel de Tareas**, donde vamos a tener las herramientas necesarias para buscar la imagen que queremos insertar.

En el área **Buscar** vamos a incluir el texto relativo a la imagen que buscamos. Por ejemplo queremos insertar la imagen de un coche, escribimos *coches*, y pulsamos en **Buscar**. Automáticamente **Word** nos muestra las imágenes prediseñadas asociadas a dicho texto. Una vez localizada la imagen a insertar hacemos un simple clic en ella y se insertará en el documento, en la posición donde tengamos colocado el cursor.

3.12.1.2 Imágenes desde archivo

Cuando son imágenes que tenemos almacenadas en nuestro equipo o en alguna unidad de almacenamiento externa, pulsamos en el botón **Imagen**.

Se despliega un cuadro de diálogo para buscar la imagen que vamos a insertar, y hacemos doble clic sobre ella.

Una vez que la imagen está en el documento, da igual de donde provenga, las propiedades son las mismas. Estas propiedades las encontramos en una nueva ficha llamada **Formato**.

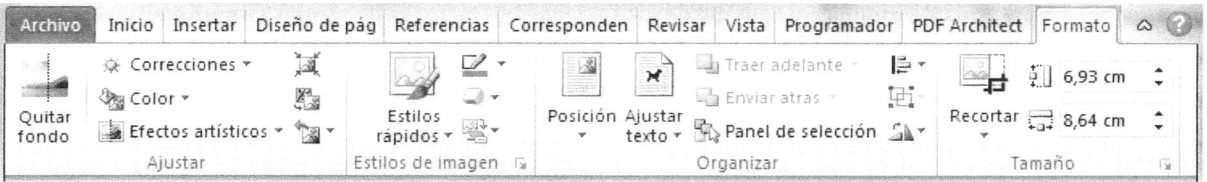

3.12.2 BORRAR IMAGEN

Para eliminar una imagen, la seleccionamos y pulsamos el botón del teclado **SUPR**.

Para seleccionar una imagen pulsamos una vez sobre ella y se muestran alrededor unos puntos, llamados puntos de selección. Esto es lo que nos indica que la imagen está seleccionada.

3.12.3 DIMENSIONES DE LA IMAGEN

A través de los puntos de selección podemos modificar fácilmente el tamaño de las imágenes.

Para cambiar el tamaño de la imagen, sin cambiar la proporción de altura y anchura que tiene, situamos el puntero del ratón sobre los puntos de selección circulares. Cuando estamos situados sobre ellos el cursor del ratón cambia de forma y se muestra como una flecha de doble dirección. Es entonces cuando arrastramos hacia dentro para hacer más pequeña la imagen, o hacia fuera para hacerla más grande.

En cambio, si nos situamos sobre los puntos de selección cuadrados, y arrastramos, estaremos cambiando la altura o anchura de la imagen, variando así su proporción y pudiendo por ejemplo ensanchar o hacer más alta la imagen.

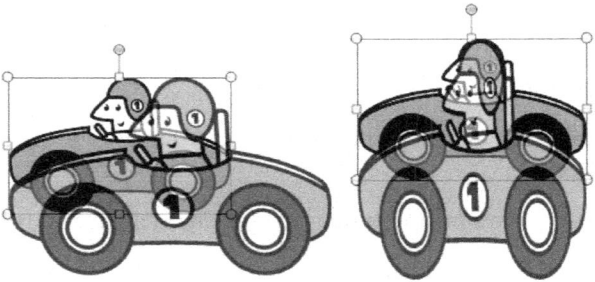

Cambio proporcional   *Cambio de altura*

Otra forma más precisa de cambiar el tamaño de las imágenes es a través del grupo **Tamaño** situado en la ficha **Formato**. Disponemos de casillas para indicar altura y anchura de la imagen en centímetros.

El punto de selección verde nos sirve para girar la imagen. Al situar el puntero del ratón sobre este punto, cuando el cursor cambia de forma, arrastramos hacia la derecha o hacia la izquierda.

3.12.4 AJUSTAR TEXTO

La propiedad **Ajustar texto** es una de las propiedades más importantes que tienen las imágenes. Con ella le indicamos a **Word** cómo tiene que distribuirse el texto del documento alrededor de la imagen.

No tenemos que dejar el hueco para la imagen, sino que a través de esta propiedad indicamos cómo se va a colocar el texto alrededor de la imagen.

Encontramos esta opción en la ficha **Formato**, incluida en el grupo **Organizar**.

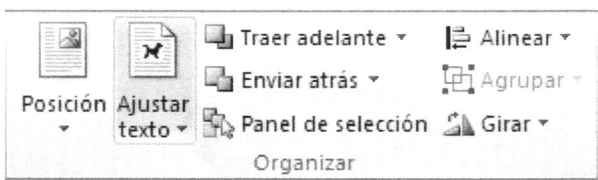

Al pulsar en el botón **Ajustar texto**, se despliegan las siguientes opciones:

1. **En línea con el texto**: La imagen se coloca en la posición del cursor y funciona como un carácter más.

2. **Cuadrado**: El texto se distribuye alrededor de la imagen dejando un rectángulo.

Microsoft Office Word 2007 le ayuda a crear documentos de aspecto profesional mediante un conjunto de herramientas completo para crear sus documentos y darles formato en el nuevo Interfaz de usuario de revisión, comentarios Microsoft Office Fluent. Las completas funciones rápidamente los y comparación le ayudan a recopilar y administrar avanzada de datos comentarios de sus compañeros. La integración garantiza que los documentos permanecen en conexión con fuentes importantes de información empresarial.

3. **Estrecho**: El texto también se distribuye alrededor de la imagen, pero en este caso se adapta al contorno de dicha imagen.

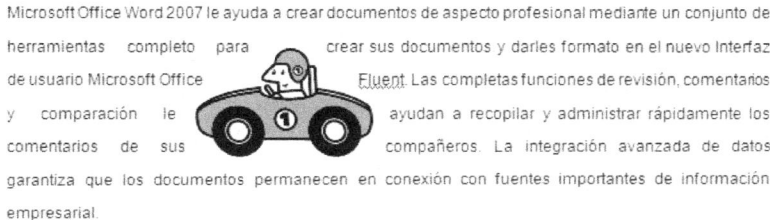

Microsoft Office Word 2007 le ayuda a crear documentos de aspecto profesional mediante un conjunto de herramientas completo para crear sus documentos y darles formato en el nuevo Interfaz de usuario Microsoft Office Fluent. Las completas funciones de revisión, comentarios y comparación le ayudan a recopilar y administrar rápidamente los comentarios de sus compañeros. La integración avanzada de datos garantiza que los documentos permanecen en conexión con fuentes importantes de información empresarial.

4. **Delante del texto**: La imagen se coloca encima del texto tapando el texto que esté debajo.

5. **Detrás del texto**: La imagen se coloca por detrás del texto, de tal forma que el texto sobrescribe la imagen. Se suele utilizar para poner imágenes en el fondo del documento.

6. **Arriba y abajo**: El texto se colocará por la parte de arriba de la imagen y por la parte de abajo, pero no en los laterales.

Microsoft Office Word 2007 le ayuda a crear documentos de aspecto profesional mediante un conjunto de herramientas completo para crear sus documentos y darles formato en el nuevo Interfaz de usuario

Microsoft Office Fluent. Las completas funciones de revisión, comentarios y comparación le ayudan a recopilar y administrar rápidamente los comentarios de sus compañeros.

3.12.5 MOVER LA IMAGEN

Para desplazar una imagen con el ratón, pulsamos encima de ella y la arrastramos hasta la nueva posición. Dependiendo del ajuste que le demos el texto circundante quedará colocado de una forma u otra.

También, dentro del grupo **Organizar**, en la ficha **Formato**, encontramos el botón **Posición** que nos ofrece una serie de posibilidades para posicionar la imagen en distintos lugares dentro del documento.

3.12.6 OTRAS PROPIEDADES

Dentro de la ficha **Formato** encontramos el grupo **Estilos de imagen**.

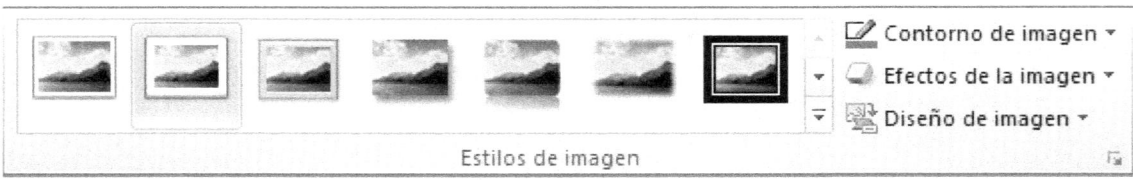

Al desplegar los diferentes **Estilos de imagen** podemos darle a las imágenes un aspecto diferente poniéndolas un marco, con reflejos, etc.

- **Forma de imagen**: Desplegamos todas las formas de **Word** y al elegir cualquiera de ellas la imagen seleccionada adopta ese contorno: estrella, círculo, cilindro, etc.

- **Contorno de imagen**: Para elegir el color de la línea de contorno de la imagen.

- **Efectos de la imagen**: Diferentes efectos de sombra, 3D, reflejos, etc. para aplicar a la imagen. A medida que pasamos el puntero del ratón por encima de estas opciones podemos ir viendo la imagen tal y como quedaría con el efecto sobre el que estamos situados.

3.13 CUADROS DE TEXTO

Un cuadro de texto es un rectángulo con texto en su interior.

Para crear un cuadro de texto realizamos los siguientes pasos:

1. Nos situamos en la ficha **Insertar**, dentro del grupo **Texto** y pulsamos en el botón **Cuadro de texto**.

2. Se despliega un listado con diferentes estilos para crear nuestro cuadro de texto, en cuyo caso elegiremos uno de ellos y de forma automática se creará en el documento, o bien elegimos la opción que se muestra en la parte inferior de este listado, **Dibujar cuadro de texto**; en este caso llevaremos el cursor al papel y dibujaremos un rectángulo arrastrando el ratón en sentido diagonal.

3. En cualquiera de los dos casos el cuadro de texto se muestra en el documento y ahora tendremos que escribir el texto en él, simplemente haciendo clic en el interior.

A partir de ahora el cuadro de texto se trata como una imagen, es decir tiene todas las propiedades que pueda tener una imagen, como el ajuste del texto, color de fondo, tamaño, posición, etc.

Además, en la cinta de opciones se mostrará la ficha **Formato** donde se recogen todas las opciones que nos permiten cambiar el aspecto del cuadro de texto.

Para eliminar un cuadro de texto, una vez seleccionado, pulsamos la tecla **SUPR**.

3.14 WORDART

WordArt es una galería de estilos de texto que se pueden agregar a los documentos de **Word 2007** para crear efectos decorativos, por ejemplo, texto sombreado o reflejado. También podemos convertir en **WordArt** texto existente.

Para crear un texto de **WordArt**:

1. Nos situamos en la ficha **Insertar**, grupo **Texto**, botón **WordArt**. Se despliega la galería de estilos y elegimos uno de ellos.

2. Se muestra un cuadro de diálogo para escribir el texto que formará nuestro rótulo. En esta misma ventana podemos modificar **Tipo de letra**, **Tamaño** y **Estilo**. Hacemos clic en **Aceptar**.

En la cinta de opciones se mostrará la ficha **Formato**, donde se recogen todas las opciones que nos permiten modificar el aspecto y formato del rótulo.

Con respecto al tamaño, posición y ajuste del texto, se modifica exactamente igual que con las imágenes.

Se elimina igual que el resto de objetos: una vez seleccionado, pulsamos **SUPR**.

3.14.1 EJERCICIO PRACTICO

Trata de reproducir el ejercicio que se muestra a continuación. Se ha insertado un texto de **WordArt** y una imagen. El ajuste de texto de cada uno de ellos es *En línea con el texto* y *Estrecho*, respectivamente. Con respecto al resto de características aplica las que creas necesarias para que quede similar al modelo.

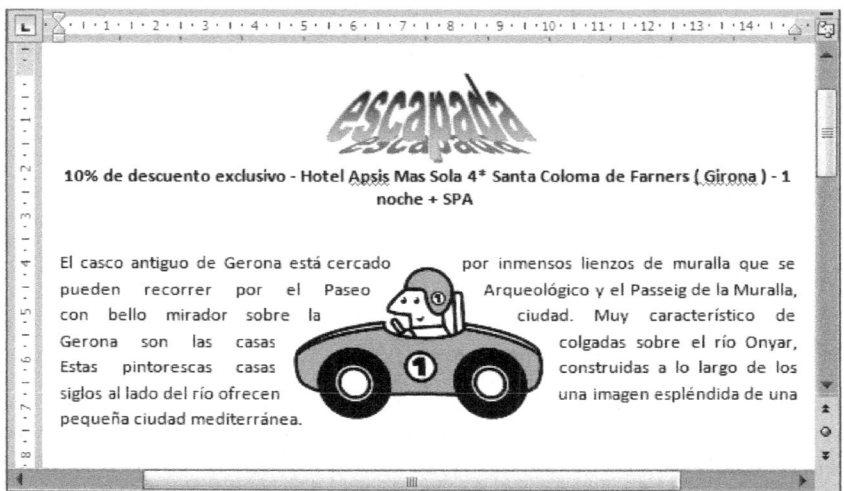

3.15 COMBINAR CORRESPONDENCIA

La opción **combinar correspondencia** nos permite personalizar los documentos. Cuando utilizamos esta opción, trabajaremos con varios documentos.

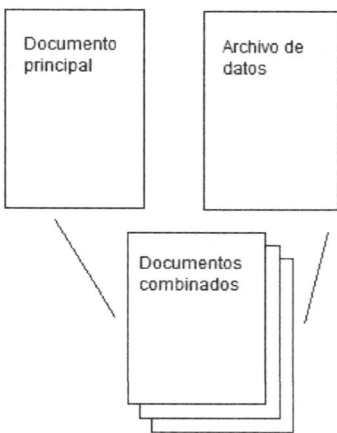

■ **Documento principal**. Es el documento que va a ser igual para todos los destinatarios. Podrá ser una carta, sobres, etiquetas, etc.

■ **Archivo de datos**. Se refiere al archivo que contiene los datos utilizados para la combinación de correspondencia. Podrá ser una tabla de **Word**, un archivo de **Excel**, de **Access**, etc.

■ **Documento combinado**. Una vez que tenemos el documento principal y el archivo de datos, utilizamos la herramienta combinar correspondencia, con lo que obtenemos un nuevo documento con las cartas personalizadas para cada uno de los registros del archivo de datos.

3.15.1 EJERCICIO GUIADO

Lo primero que vamos a hacer, es crear el archivo de datos. Hemos comentado anteriormente que puede ser un archivo de **Excel**, de **Access** o incluso una tabla de **Word**. Crearemos este último.

Generamos un nuevo documento y creamos una tabla de 4 columnas y 5 filas e insertamos los siguientes datos:

Nombre	Apellidos	Dirección	Ciudad
Ana	Blázquez González	C/ Montes, 67	Madrid
Beatriz	Moreno Moreno	C/ Torre, 99	Madrid
Sergio	Martín Glass	C/ Viena,23	Sevilla
Lucas	Branz Hernández	C/ Tenderos, 88	Sevilla
Miranda	Acua Blas	C/ Príncipe de Vergara, 1	Madrid

Guardamos el archivo con el nombre *DATOS CLIENTES.DOCX* y lo cerramos.

Creamos un nuevo documento y nos situamos en la ficha **Correspondencia**. Es en esta ficha donde se encuentran todas las opciones para la combinación de correspondencia.

Los pasos a seguir para realizar una combinación de correspondencia son:

1. Elegir tipo de documento principal.

2. Seleccionar datos.

3. Elaborar el documento principal.

4. Combinar.

Disponemos del grupo de opciones **Iniciar combinación de correspondencia**, donde se encuentran los botones para elegir el tipo de documento principal y seleccionar los datos.

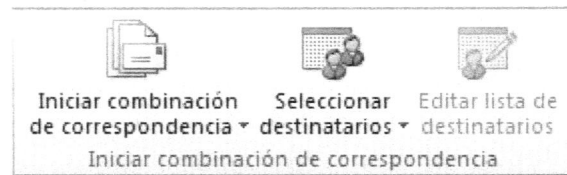

Pulsamos en **Iniciar combinación de correspondencia** y elegimos el tipo de documento. Para nuestro ejemplo, *Cartas*.

A continuación, pulsamos el botón **Seleccionar destinatarios**, para elegir el archivo de datos a utilizar. Para realizar nuestro ejemplo, elegimos la opción **Usar lista existente** y seleccionamos el archivo *DATOS CLIENTES. DOCX*.

Una vez que elegimos el archivo de datos, elaboraremos el documento principal. En este documento incluiremos los campos del archivo de datos que nos interesen. Estos campos, al realizar la combinación de correspondencia se sustituirán por los valores que contienen.

Para insertar los campos en el documento principal, pulsamos en el botón **Insertar campo combinado**, situado en el grupo **Escribir e insertar campos**. Aparece un listado de los campos disponibles, donde simplemente, tenemos que pulsar sobre el campo que deseamos insertar en el documento.

El resto del documento se elabora de forma normal.

«Nombre» «Apellidos»
«Dirección»
«Ciudad»

Estimado Sr. «Apellidos»:

Le informamos que cambiamos nuestras oficinas al nuevo centro comercial de la localidad.

Atentamente,

                                            La dirección.

Por último, nos queda combinar los documentos. Pulsamos en el botón **Finalizar y combinar**, y se genera un nuevo documento donde cada una de las páginas de este, será una carta personalizada para cada uno de los registros de la tabla de datos.

3.16 REVISIÓN ORTOGRÁFICA

Cuando se acerca una fecha límite, no suele haber tiempo suficiente para revisar la ortografía y la gramática de un documento. **Word** ofrece herramientas que ayudan a corregir los errores más rápidamente.

En la ficha **Revisar** se encuentra el botón **Ortografía y gramática**, incluido en el grupo **Revisión**.

Word marca con un subrayado rojo los errores ortográficos y con un subrayado verde los errores gramaticales.

Para revisar la ortografía y la gramática de un documento pulsamos el botón **Ortografía y gramática**.

Inmediatamente **Word** comienza a revisar, palabra por palabra, la ortografía y gramática del documento. Cuando el programa detecta algún error hace una pausa en la revisión ortográfica y gramatical y nos muestra un cuadro desde el que podemos elegir, en función del error, qué operación queremos hacer.

Nos encontraremos con las siguientes circunstancias:

1. **Que la palabra esté mal escrita**: Si la palabra está mal escrita se pueden dar varias situaciones:

   – Entre las sugerencias aparece la palabra correcta. Si es así seleccionamos la palabra correcta y pulsamos en el botón **Cambiar**. **Word** sustituye la palabra mal escrita por la que hemos seleccionado y se sitúa en el siguiente error.

   – Entre las sugerencias no aparece la palabra escrita correctamente o no aparecen sugerencias. En este caso cambiamos manualmente el texto en el área **No se encontró** y pulsamos el botón **Cambiar**.

2. **Que la palabra esté bien escrita**: A veces **Word** considera una palabra como error porque no la tiene incluida en su diccionario. En este caso pulsamos el botón **Omitir una vez** (omite esa palabra) u **Omitir todas** (omite el error todas las veces que aparezca en el documento). Al pulsarlo, se pasa al siguiente error.

3.17 IMPRESIÓN

Para imprimir un documento pulsamos en la ficha **Archivo**, en la opción **Imprimir**. En la parte derecha de la ventana observamos todas las opciones de impresión: número de copias, páginas a imprimir, orientación del papel, etc.

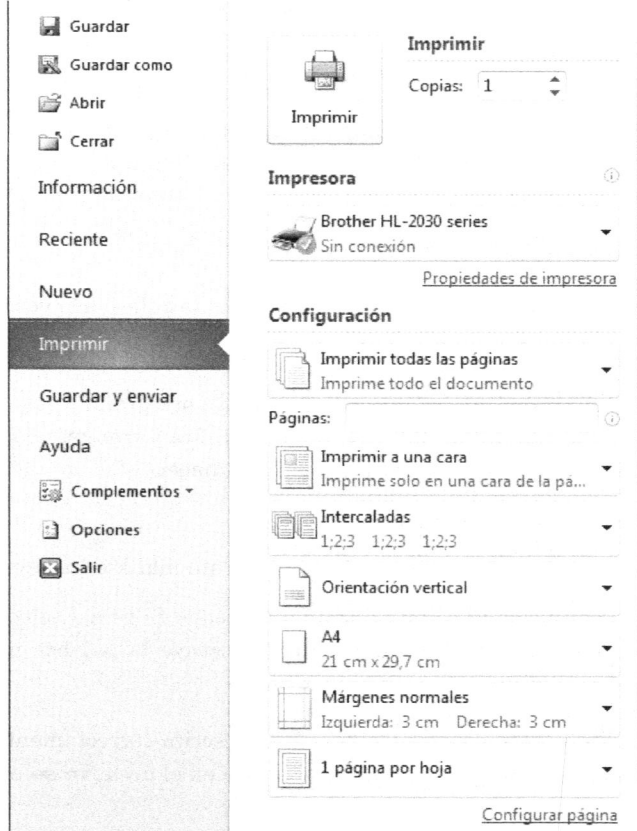

Indicamos todas las características de impresión del documento y pulsamos en el botón **Imprimir**.

3.18 TIPOS DE DOCUMENTOS Y TÉCNICAS DE ELABORACIÓN

Cuando redactamos un documento administrativo o comercial, tenemos que adaptar dicho documento a la finalidad de este. Debemos saber a quién nos dirigimos, y en consecuencia establecer el grado de formalidad más adecuado. Es muy importante tener claro cuál es el mensaje a transmitir y que esto quede plasmado con claridad en el documento.

Otras características que deben asociarse a este tipo de documentos son: claridad, sencillez, precisión, variedad de vocabulario y orden.

A continuación, detallamos una serie de documentos administrativos y su definición.

- **Acta (notarial)**: Es la constancia escrita de lo tratado en una reunión. Si esa acta se hace ante notario, sería un «acta notarial».

- **Autorización**: Es la delegación que se hace por escrito a otra persona para que te represente.

- **Certificado**: Comprobación de hechos por una institución.

- **Contrato**: Acuerdo entre dos partes sobre compra, venta, etc.

- **Currículum**: Exposición sobre la vida, preparación y profesión.

- **Declaración**: Testimonio jurado o prometido ante instituciones.

- **Denuncia**: Es una notificación de haberse infringido alguna norma.

- **Instancia**: Solicitud de algo a alguna institución pública.

- **Memorando**: Es un comunicado interno para recordar algo.

- **Oficio**: Es un escrito para notificar, citar o denegar algo.

- **Recurso**: Es un escrito contra una sentencia o resolución.

3.19 OTROS PROCESADORES DE TEXTO

OpenOffice.org es un paquete ofimático que está publicado como *software* libre y código abierto que incluye dentro de sus aplicaciones un procesador de textos (OpenWriter), hoja de cálculo (OpenCalc), presentaciones (OpenImpress), herramientas para el dibujo vectorial (OpenDraw) y base de datos (OpenBase).

Writer es el procesador de textos de la suite ofimática *OpenOffice.org*. Permite exportar archivos de texto a los formatos PDF y HTML sin *software* adicional.

Este procesador es muy parecido, y por lo tanto se utiliza, prácticamente de la misma forma que **Microsoft Word 2003**.

Veremos las principales características de este procesador de textos.

Al ejecutar el programa nos encontramos con la siguiente pantalla:

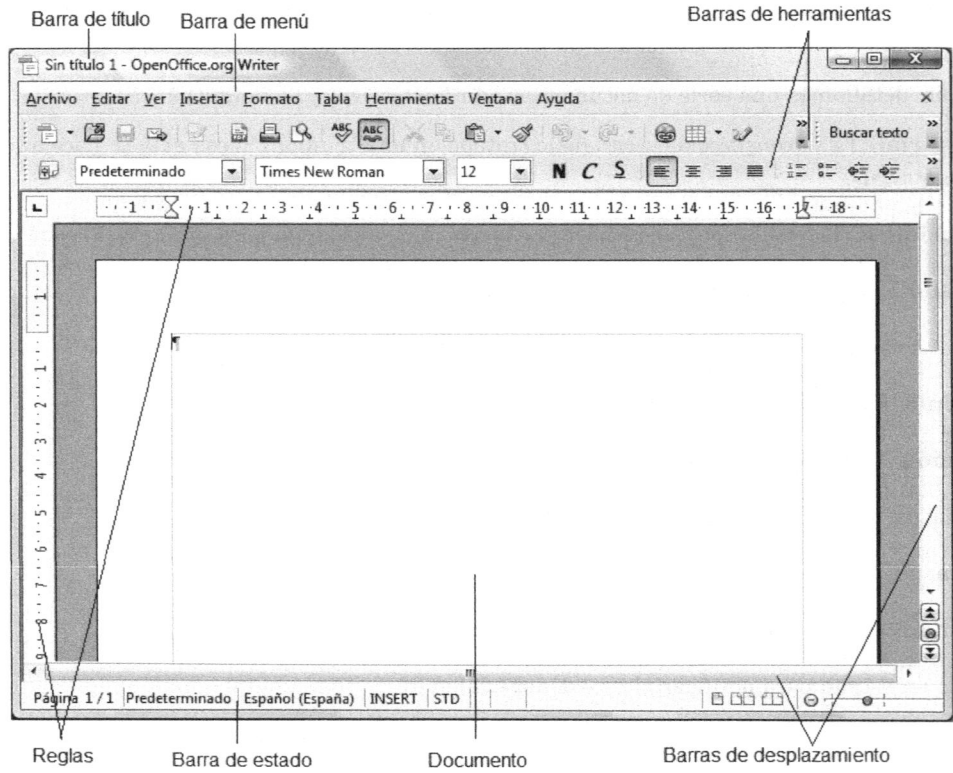

- **Barra de título**. En esta barra se muestra el titulo del documento y del programa que estamos utilizando. Titulo 1 es el nombre predeterminado que le asigna el programa y cuando lo guardemos se sustituye por el que le pongamos.

- **Barra de menú**. En esta barra están todas las opciones del programa. Se agrupan por temas, de tal forma que si pulsamos, por ejemplo, en Archivo se despliegan todas las opciones relativas a los ficheros como, guardar, imprimir, cerrar, etc.

- **Barras de herramientas**. Las barras de herramientas contienen botones donde cada uno de ellos corresponde a una acción. Al pasar el cursor por encima se muestra una etiqueta amarilla que nos indica la función de cada uno de ellos.

- **Reglas**. Se muestran en la parte izquierda y superior del documento.

- **Barra de estado**. Es la barra inferior, en ella se muestra información sobre el documento además del zoom y las diferentes vistas para éste.

- **Barras de desplazamiento**. Aparecen en la parte derecha e inferior del documento y como su nombre indica, sirven para desplazarse por éste.

Como en cualquier procesador de textos, hay que seleccionar el texto para aplicar cualquier opción.

Las opciones correspondientes al formato las encontramos en el menú, en la opción **Formato/Carácter**, todo lo relativo al tipo de letra, tamaño, color, efectos, etc. y en **Formato/Párrafo**, las sangrías, espaciados e interlineado.

A través de la opción **Formato/Párrafo**, también vamos a poder acceder a **Tabulaciones** y **Bordes y sombreado**.

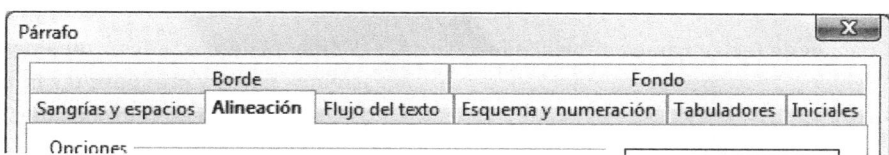

Una de las fundamentales diferencias con **Word 2003**, es que al pulsar en el botón **Nuevo**, se despliega un menú, no sólo para crear nuevos documentos, también nos permite crear una nueva hoja de cálculo, o un nuevo archivo de base de datos, etc.

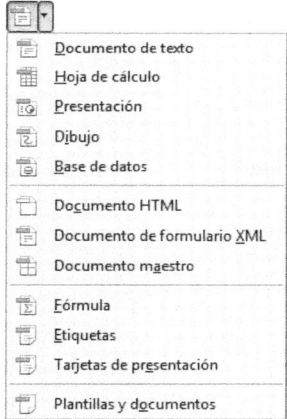

Otra opción interesante de **Writer** es que nos permite **guardar el archivo como PDF**, para ello disponemos de un botón en la barra de herramientas Estándar.

TEST DE CONOCIMIENTOS

1 ¿Con qué combinación de teclas vamos al principio del documento?
   a) **CTRL+TAB**
   b) **ALT+TAB**
   c) **CTRL+Inicio**
   d) **ALT+Inicio**

2 ¿Podemos utilizar un archivo de **Excel** como archivo de datos para combinar correspondencia?
   a) Sí.
   b) No.

3 ¿Cuáles son los diferentes tipos de alineación?
   a) Izquierda y derecha.
   b) Izquierda, derecha, centrada y justificada.
   c) Izquierda, derecha, centrada y alineada.
   d) Izquierda, centrada y derecha.

4 ¿Qué es el interlineado?
   a) El interlineado determina la cantidad de espacio entre las líneas de texto de un párrafo.
   b) Es el espacio entre párrafos.

5 ¿Para qué sirve la propiedad ajuste del texto de las imágenes?
   a) Para indicar como se tiene que colocar el texto alrededor de la imagen.
   b) Para indicar en qué posición de la página se colocará la imagen.
   c) Para colocar el título de la imagen.

6 ¿Cómo podemos hacer un encabezado para las paginas pares y otro para las impares?
   a) Una vez creado el encabezado, en la ficha **Diseño**, marcamos la opción **Pares e impares diferentes**.
   b) En la ficha **Diseño** de página, accedemos al cuadro de diálogo configurar pagina y en la ficha **Diseño** marcamos la opción **Pares e impares diferentes**.
   c) Las dos son correctas.

7 ¿Cuáles son las principales características que tenemos que tener en cuenta a la hora de redactar un documento administrativo?
   a) Sencillez y claridad.
   b) Variedad de vocabulario y rebuscado.
   c) Las dos son correctas.

8 ¿En qué ficha se encuentra la opción **Bordes** y **sombreado**?
   a) En la ficha **Inicio**.
   b) En la ficha **Revisar**.
   c) En la ficha **Diseño de página**.

9 ¿Para qué sirven los saltos de sección?
   a) Para poder insertar imágenes.
   b) Para separar en distintas parte s un mismo documento y que puedan tener opciones de configuración diferentes.
   c) Para saltar a la página siguiente.

4

OPERACIONES CON HOJA DE CÁLCULO

Este capítulo, principalmente, trata de abordar el tratamiento de la hoja de cálculo que nos ofrece Office. Al final del presente capítulo será capaz de trabajar con **Excel** de forma fácil y rápida.

4.1 EXCEL 2010. OPERACIONES BÁSICAS

Para abrir el programa, disponemos de varias formas:

1. Desplegamos el menú **Inicio** de la **Barra de tareas de Windows**, nos situamos en la opción **Todos los programas**, y hacemos clic en la opción **Microsoft Office Excel 2010**.

2. A través de un acceso directo que encontremos en el escritorio.

3. A través de la barra de inicio rápido.

4.1.1 ENTORNO

Esta es la ventana principal de **Excel**.

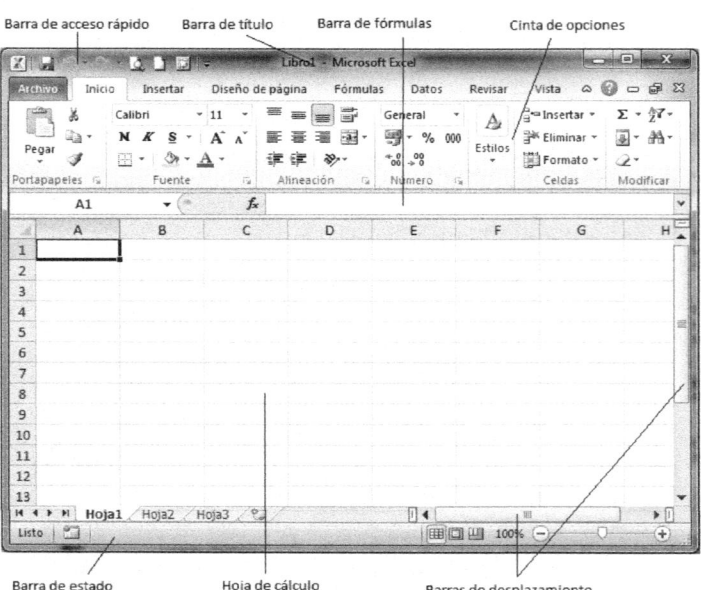

- **Barra de título**. Aparece en el centro el nombre del archivo sobre el que estamos trabajando y el nombre del programa. El nombre del libro es *Libro1*, que es el que **Excel** asigna al archivo por defecto. Cuando elaboremos la hoja de cálculo y la guardemos ese nombre predeterminado se va a sustituir por el nombre que le asignemos.

- **Barra de acceso rápido**. Está situada en la parte izquierda de la barra de título. En ella vamos a encontrar un conjunto de comandos independientes de la cinta de opciones. Esta barra se puede personalizar e incluir en ella los comandos y opciones que más utilicemos.

- **Cinta de opciones**. Se divide en fichas. Una **ficha** es cada una de las pestañas que aparecen en la parte superior, por ejemplo: Inicio, Insertar, etc. Los botones correspondientes a cada ficha están organizados en grupos, donde cada uno de ellos realiza una acción diferente. A estos grupos los llamamos **Grupos de opciones**. Si vamos pasando el cursor por encima de estos botones se irán mostrando etiquetas que nos indican la función que realiza cada uno de ellos.

- **Barra de formulas**. En la primera parte de la **Barra de fórmulas** nos indica el nombre de la celda activa, es decir, la celda donde está situado el cursor, y a continuación el contenido de ésta.

- **Barras de desplazamiento**. En la parte derecha e inferior del documento aparecen estas barras. Como su nombre indica sirven para desplazarse por la hoja de cálculo; la barra vertical verticalmente y la horizontal horizontalmente.

- **Barra de estado**. Es la barra que aparece en la parte inferior de la ventana. Esta barra fundamentalmente lo que nos ofrece es información sobre la hoja de cálculo. En su parte derecha se visualizan unos botones que nos permiten cambiar la forma de ver el libro y una barra para modificar el zoom.

- **Hoja de cálculo**. En el centro observamos la hoja de cálculo. Está formada por filas y columnas que forman casillas. Cada una de estas casillas se llama **Celda**. Cada columna se nombra con una letra y cada fila con un número, de tal forma que cada celda tiene su propio nombre, **A1**, **B7**, etc. La letra antes que el número.

- Al principio de cada columna aparece el nombre que se le da a cada una de ellas, la letra, a esta parte se llama **Cabecera de columna**, y para la fila se muestra el número que le corresponde a cada una y se llama **Cabecera de fila**.

- Cada archivo de **Excel**, es decir, cada **Libro**, puede tener una o varias hojas de cálculo. En la parte inferior, se muestran las pestañas de las hojas que contiene el *Libro* para poder ir pasando de una hoja a otra.

4.1.2 ELEMENTOS BÁSICOS

Un libro de **Excel** está formado por **Hojas**, que son las pestañas que aparecen en la parte inferior de la pantalla de **Excel**.

Una hoja de cálculo está formada por 1.048.576 filas y las columnas que se nombran con letras van desde la A hasta la XFD, es decir, una hoja de cálculo es muy extensa y es difícil que rellenemos todas sus celdas. Es más eficiente tener menos datos y más hojas de cálculo (más pestañas) en el *Libro*.

4.1.3 INTRODUCCIÓN DE DATOS

En una hoja de cálculo podemos introducir tanto datos de texto como datos numéricos y **Excel** los trata como tal, es decir, si son números, los trata como números y si son textos los trata como textos.

Cuando introducimos datos numéricos en una hoja de cálculo hay algunos caracteres que siguen manteniendo el valor numérico de las celdas, son los siguientes:

Símbolo	Utilidad	Ejemplo
-	Para los números negativos.	-1000
+	Para los números positivos. Este carácter se puede omitir, un número sin el símbolo + se entiende como positivo.	+1000 ó 1000
.	Separador de miles.	1.000
,	Carácter decimal.	1000,5
%	Divide el número por 100.	100%

Con respecto al símbolo %, si nos situamos en cualquier celda y escribimos 5%, lo único que tenemos que tener en cuenta es que no es el número 5 si no 5 dividido entre 100, es decir, escribir 5% es igual que escribir 0,05.

Nos situamos en la celda **A1** y escribimos, *Este es un curso de Excel básico*, pulsamos **INTRO**. El texto, como completo no entra en la celda **A1**, se visualiza en **B1**. Únicamente se visualiza, porque la celda contigua está vacía.

Si volvemos a situarnos en la celda **A1** y nos fijamos en la barra de formulas, pone el texto completo. Nos situamos ahora en la celda **B1**, en la barra de contenido no pone nada, aunque aparentemente la celda si tiene contenido. Esto sucede, es decir el texto se visualiza también en la celda **B1**, porque está vacía; si esta tuviera algún contenido el texto de la celda **A1** no se visualizaría completo.

Por esta razón es conveniente que nos fijemos siempre en la barra de formulas, que nos va a mostrar el contenido real de cada celda.

Situados en la celda **B1**, escribimos un número y pulsamos **INTRO**. Comprobaremos que parte del contenido de la celda **A1** ya no se visualiza. No quiere decir que parte del texto se haya eliminado, simplemente no se visualiza de forma completa.

4.1.4 CAMBIAR FÁCILMENTE ALTO Y ANCHO DE FILAS Y COLUMNAS

Podemos hacer más grandes o más pequeñas las filas y columnas de nuestra hoja de cálculo.

En el ejemplo anterior, situamos el cursor en la cabecera de columna, entre la columna A y B; el cursor se mostrará como una flecha de doble dirección, en ese momento, arrastramos hacia la derecha para hacer más ancha la columna y poder visualizar su contenido completo. Si queremos hacerla más estrecha en vez de arrastrar hacia la derecha arrastraremos hacia la izquierda. En el caso de las filas es exactamente igual, arrastrando hacia arriba para hacerlas más pequeñas o hacia abajo para hacerlas más grandes.

Una forma rápida de autoajustar el ancho de la columna al contenido de las celdas es hacer doble clic en la intersección de la columna que queremos ajustar, en este ejemplo entre A y B, en la cabecera de columna.

4.1.5 MODIFICAR EL CONTENIDO DE LAS CELDAS

Para modificar el contenido de las celdas basta con hacer doble clic sobre la celda que deseamos modificar, se edita su contenido y podemos hacer las modificaciones oportunas.

Si directamente nos situamos sobre la celda y sin hacer doble clic escribimos, lo que estamos haciendo es sustituir el dato nuevo por el anterior.

4.1.6 MOVER EL CONTENIDO DE LAS CELDAS

Otra operación importante en **Excel** es poder mover el contenido de las celdas.

Podemos hacerlo de un modo muy sencillo con el ratón; seleccionamos las celdas cuyo contenido queremos mover, situamos el puntero del ratón en el contorno de la selección y cuando el cursor se muestre como una flecha con cuatro direcciones, arrastramos hasta la nueva ubicación.

4.1.7 SELECCIONAR

Al igual que en **Word** seleccionamos el texto para darle formato, en **Excel** tenemos que seleccionar celdas para poder darles formato o realizar operaciones.

Para seleccionar podemos hacerlo con el ratón o con el teclado.

■ Con el ratón:

1. Pulsamos en la primera celda que queremos seleccionar y arrastramos hasta la última. Aunque la primera celda seleccionada queda de otro color, está seleccionada, simplemente nos muestra cuál es la primera celda de la selección. A este conjunto de celdas se le llama **Rango**.

2. Si queremos seleccionar celdas que no estén seguidas o diferentes rangos, mantendremos la tecla **CTRL** pulsada mientras seleccionamos todas la celdas.

3. Para seleccionar una columna completa pulsamos en la cabecera de la columna (donde pone la letra) y para seleccionar una fila pulsamos también en su cabecera. Si queremos seleccionar la hoja de cálculo completa pulsamos en la casilla gris que hay entre la columna A y la fila 1.

■ Con el teclado:

Mantenemos pulsada la letra **MAY** y pulsamos las teclas de cursor, según la dirección en la que queramos seleccionar.

4.2 TRABAJO CON ARCHIVOS

4.2.1 ABRIR UN LIBRO

Para abrir una hoja de cálculo previamente guardada pulsamos en la ficha **Archivo** y después en la opción **Abrir**. Se visualizará un cuadro de diálogo donde tenemos que buscar el archivo que queremos abrir. Una vez localizado, simplemente hacemos doble clic sobre su nombre.

4.2.2 GUARDAR UN LIBRO

Cuando guardamos un libro lo que estamos haciendo es grabar la información en un medio de almacenamiento del que posteriormente lo podemos recuperar.

Hacemos clic en la ficha **Archivo** y en el menú que se despliega en la opción **Guardar**. Elegimos la carpeta donde vamos a guardar nuestro libro y escribimos el nombre que le vamos a asignar. Pulsamos en Guardar.

Una vez que hemos guardado el documento por primera vez, las siguientes veces que pulsemos en **Guardar**, se guardarán los cambios sin más, es decir, no va a volver a salir el cuadro de diálogo anterior.

Si quisiéramos guardar el archivo de nuevo, con otro nombre y/o en otro lugar, en vez de pulsar en la opción **Guardar**, pulsaríamos la opción **Guardar como**. De esta forma volvería a mostrarse el cuadro de diálogo anterior, para indicar el nuevo nombre y/o el nuevo lugar.

4.2.3 CERRAR UN LIBRO

Cuando no vamos a seguir usando la hoja de cálculo pulsamos en la ficha **Archivo** y elegimos la opción **Cerrar**. También podemos pulsar en el botón ⊠ del libro.

4.2.4 CREAR UN NUEVO LIBRO

Para empezar a trabajar con un nuevo libro pulsamos también en la ficha **Archivo** y posteriormente en la opción **Nuevo**. Aparece un cuadro de diálogo donde elegimos **Libro en blanco**.

4.3 FORMATO DE CELDAS

El formato de una hoja de cálculo es tan importante como las operaciones que contiene. Para dar formato a las celdas previamente tenemos que seleccionarlas.

Una vez hecho esto, tenemos en la ficha **Inicio** tres grupos de opciones que agrupan las opciones más comunes de formato:

En el grupo de opciones **Fuente** encontramos las opciones de formato para el texto: **Tipo de letra**, **Estilo**, **Tamaño**, **Color para el texto**, **Subrayado** y **Efectos**. Simplemente tendríamos que seleccionar las celdas a las cuales queremos darle alguna de estas características y pulsar el botón que corresponde a la opción que queremos aplicar.

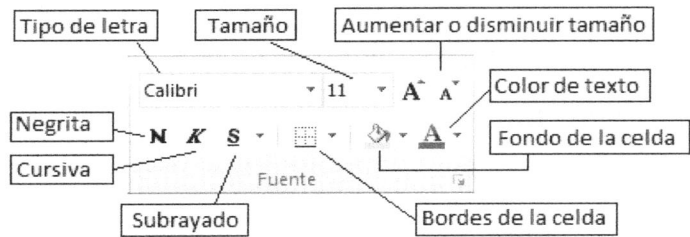

En el grupo de opciones **alineación**, encontramos la orientación del texto, sangrías, alineaciones, etc.

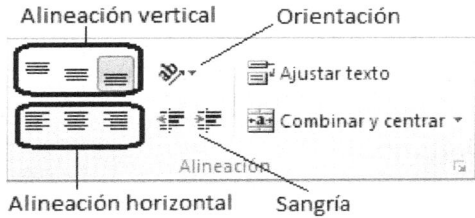

1. **Ajustar texto**: Si pulsamos esta opción, los bordes de la celda actuarán como márgenes para su contenido, de tal forma que si el texto no entra en una primera línea, se colocará en una segunda o tercera, según sea necesario.

2. **Combinar y centrar**: Une en una todas las celdas seleccionadas y centra su contenido.

En cualquiera de los tres grupos podemos hacer clic en la esquina inferior derecha para acceder al cuadro de diálogo de formato completo.

Dentro de este cuadro de diálogo nos desplazamos a la ficha **Número**.

En esta pestaña aparecen todos los formatos para los datos numéricos y de texto que podemos seleccionar:

- **General**: Cuando introducimos datos de texto o numéricos **Excel** le da este formato predeterminado.

- **Número**: Aquí podemos seleccionar para los datos numéricos cuántos decimales queremos visualizar, si queremos separador de miles y el formato que vamos a utilizar para los números negativos.

- **Moneda**: Es igual que el formato número, pero además podemos elegir el símbolo de moneda que queremos que acompañe al número.

- **Contabilidad**: Igual que formato número, pero sin posibilidad de elegir formato para los números negativos.

- **Fecha**: Para dar formato a las fechas introducidas. Se visualizarán todos los formatos definidos para mostrar una fecha (fecha larga, fecha mediana, etc.).

- **Hora**: Formatos para mostrar las horas.

- **Porcentaje**: Multiplica el valor de la celda por cien y le añade el símbolo de %.

- **Fracción**: Muestra el número en formato fracción.

- **Científica**: Muestra el número en notación científica.

- **Texto**: El contenido se trata como un texto, es decir, si son números pierden su valor numérico.

- **Especial**: Formatos para teléfonos, código postal, etc.

- **Personalizada**: Nos permite crear nuestros propios formatos de celdas.

En la ficha **Inicio** tenemos el grupo **Número** donde están alguna de estas opciones.

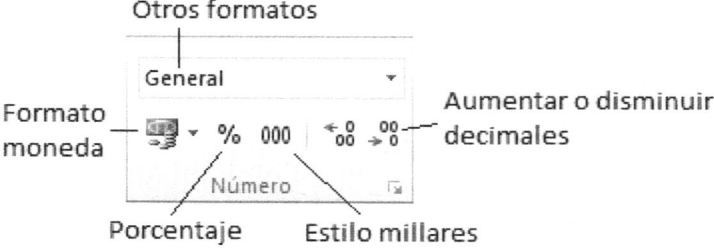

4.3.1 EJERCICIO PRÁCTICO

Vamos a intentar reproducir la siguiente hoja de cálculo, utilizando las opciones explicadas anteriormente. La columna *Total*, de momento la dejaremos vacía. La completaremos con las operaciones correspondientes más adelante. Una vez creada la hoja de cálculo, la guardaremos con el nombre *Chiquitin.xlsx*.

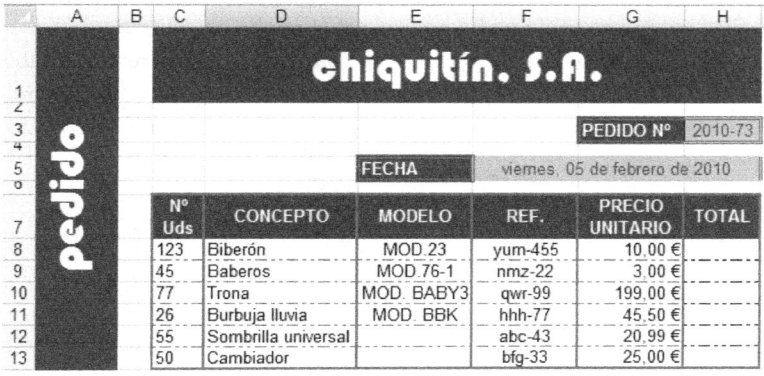

4.4   FORMATO DE FILAS Y COLUMNAS

En la ficha **Inicio**, podemos observar el grupo de opciones **Celdas**. Dentro de este grupo de opciones hay un botón llamado **Formato**. Si lo pulsamos se despliega un menú, donde las primeras opciones corresponden al formato de filas y columnas.

4.4.1 ALTO DE FILA

Al comienzo de este capítulo ya vimos cómo podíamos variar la altura de la fila con el ratón, pero en ocasiones vamos a tener que cambiar la altura de muchas filas, y que todas ellas nos queden iguales. Para ello utilizamos esta opción.

Seleccionamos todas las filas a las cuales queremos cambiarles la altura y pulsamos en **Formato/Alto de Fila**, nos aparecerá un cuadro de diálogo como el siguiente:

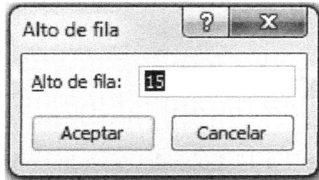

La altura la especificaremos en puntos.

4.4.2 AUTOAJUSTAR ALTO DE FILA

Con esta opción vamos a ajustar la altura de la fila al dato más grande que haya en ella.

4.4.3 ANCHO DE COLUMNA

Al igual que para las filas, ya vimos cómo podíamos variar el ancho de columna directamente con el ratón. Para hacerlo a través de esta opción, seleccionamos las columnas para las que queremos cambiar el ancho, y al pulsar en **Ancho de columna** se despliega un cuadro de diálogo similar al de las filas, donde vamos a indicar el ancho de columna, en este caso medido en caracteres. Por ejemplo, le damos a la columna un ancho de 20 caracteres.

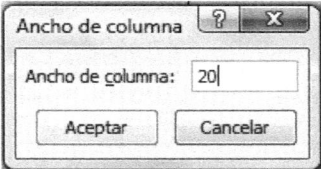

4.4.4 AUTOAJUSTAR ANCHO DE COLUMNA

A través de esta opción ajustamos el ancho de columna al ancho del dato que esté seleccionado.

4.4.5 ANCHO PREDETERMINADO

Para cambiar el ancho inicial de todas las celdas de la hoja de cálculo.

4.4.6 OCULTAR Y MOSTRAR FILAS Y COLUMNAS

Estas opciones se encuentran en el mismo botón **Formato** que todas las anteriores.

Se pueden ocultar filas o columnas, lo único que tenemos que hacer es seleccionar previamente las filas o columnas a ocultar. Una vez hecho esto pulsamos en **Formato/Ocultar y mostrar/Ocultar filas o columnas**. De forma automática desaparecen de la hoja de cálculo.

Para volverlas a visualizar, pulsamos en **Formato/Ocultar y mostrar/Mostrar filas o columnas**.

4.5 FORMATO DE HOJAS

Tenemos varias opciones para dar formato a la hoja de cálculo completa. Éstas se encuentran recogidas en el mismo menú que todas las anteriores. Pulsaremos en **Formato** y nos desplazamos hasta la sección **Organizar hojas**.

En este menú vamos a encontrar tres opciones relativas a las hojas:

1. **Cambiar el nombre de la hoja**: Nos va a permitir cambiar el nombre predeterminado que **Excel** le asigna a cada hoja, que se muestra en la ficha. Por ejemplo *Hoja1*, lo podemos cambiar por *Ventas*. Una alternativa para realizar esta acción es hacer doble clic sobre el nombre y modificar.

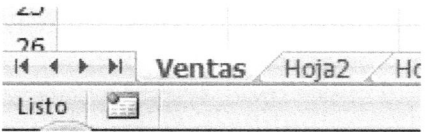

2. **Mover o copiar hoja**: Nos da las opciones necesarias para mover la hoja a otro libro. Si marcamos la casilla que aparece en la parte inferior, en vez de mover la hoja, la copiará.

3. **Color de etiqueta**: para poder modificar el color de la ficha de la hoja. Al pulsar esta opción se despliega una paleta de colores para seleccionar el color que le queremos asignar.

4.6 FORMATO CONDICIONAL

El formato condicional es un conjunto de características de formato que se aplican a las celdas que cumplen determinadas condiciones, pudiendo emplear además barras de datos, escalas de colores y conjuntos de iconos.

Para aplicar un formato condicional previamente tenemos que seleccionar las celdas a las cuales queremos aplicar dicho formato. Por ejemplo, la columna de resultados en un informe de ventas, queremos resaltar en rojo los diez mejores resultados.

Seleccionaríamos toda la columna de resultados.

Posteriormente, en la cinta de opciones, ficha **Inicio**, dentro del grupo de opciones **Estilos**, tenemos el botón de **Formato condicional**.

La primera opción, **Resaltar reglas de celdas**, nos permite aplicar un formato basándonos en un operador de comparación: que el valor a resaltar sea *mayor que*, que sea *menor*, *igual*, *comparar con una fecha* o *visualizar valores duplicados*. Cuando elegimos cualquiera de estas opciones visualizaremos un cuadro de diálogo similar al siguiente para especificar los valores de comparación y el formato a aplicar.

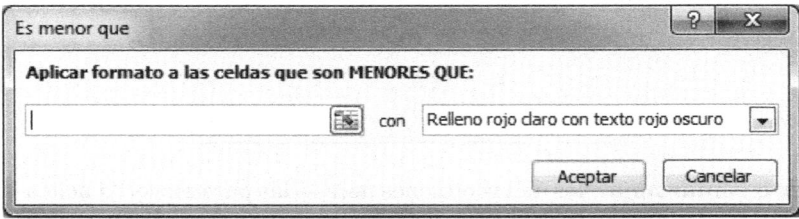

La siguiente opción, **Resaltar superiores e inferiores**, nos va a dar la posibilidad de dar un formato especial a aquellas celdas que sean valores superiores o inferiores, tanto en valores normales como en porcentajes, e incluso dependiendo del promedio de estos.

Las tres opciones siguientes, **Barras de datos**, **Escala de color** y **Conjunto de iconos**, nos dan la posibilidad de analizar los datos y añadirles este tipo de elementos dependiendo de su valor.

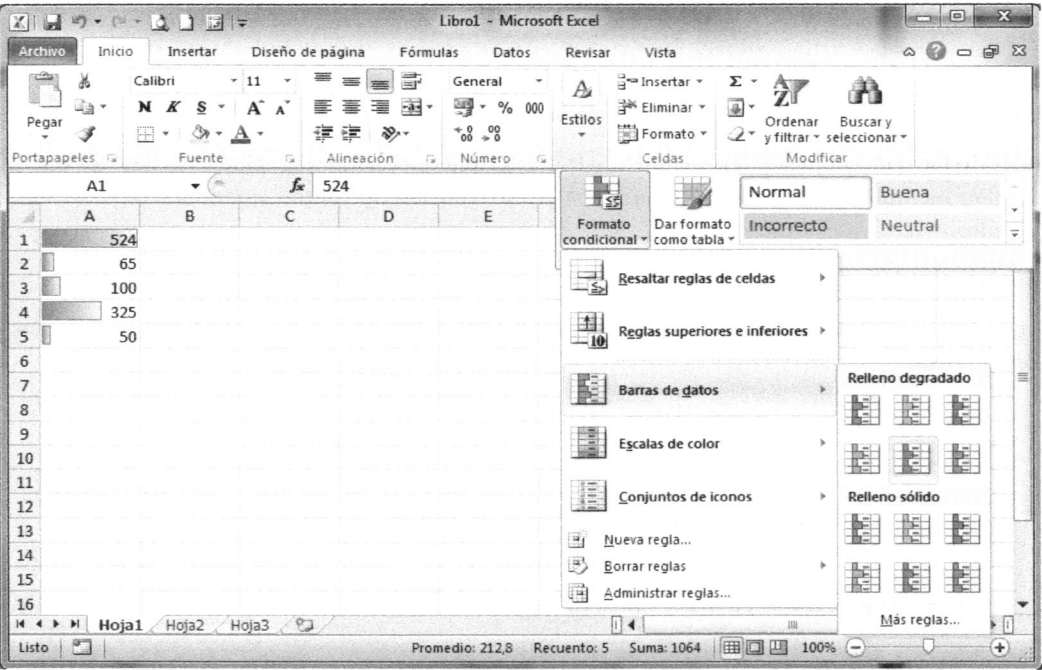

■ Una **barra de datos** nos ayuda a ver el valor de una celda con relación a las demás. La longitud de la barra de datos representa el valor de la celda. Una barra más grande representa un valor más alto, y una barra más corta representa un valor más bajo. Las barras de datos son útiles para encontrar números más altos y más bajos especialmente con grandes cantidades de datos.

■ Las **escalas de colores** son guías visuales que ayudan a comprender la variación y la distribución de datos. Una escala de dos colores permite comparar un rango de celdas utilizando una gradación de dos colores. El tono de color representa los valores superiores o inferiores.

■ Utilizaremos un **conjunto de iconos** para comentar y clasificar datos de tres a cinco categorías separadas por un valor de umbral. Cada icono representa un rango de valores. Por ejemplo, en el conjunto de iconos de tres flechas, la flecha roja hacia arriba representa valores más altos, la flecha hacia el lado amarilla representa valores medios y la flecha hacia abajo verde representa valores más bajos.

En todas estas opciones, al desplegar el submenú, tememos la posibilidad de elegir la opción **Más reglas**, donde se abrirá un cuadro de diálogo que nos va a permitir editar las reglas y cambiar sus características para que se adapten a las condiciones que queramos determinar.

....

4.6.1 **EJERCICIO GUIADO**

Tenemos la siguiente hoja de cálculo que nos muestra las ventas en el 2011. Queremos crear un formato condicional, que resalte en rojo las celdas con cantidades superiores a 2.000€.

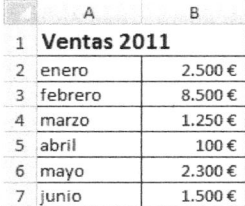

	A	B
1	**Ventas 2011**	
2	enero	2.500 €
3	febrero	8.500 €
4	marzo	1.250 €
5	abril	100 €
6	mayo	2.300 €
7	junio	1.500 €

■ Seleccionamos el rango de celdas **B2**:**B7**.

■ Pulsamos en el botón **Formato condicional** y elegimos **Nueva regla**.

■ En el cuadro de diálogo que se muestra elegimos la segunda opción y establecemos los valores adecuados.

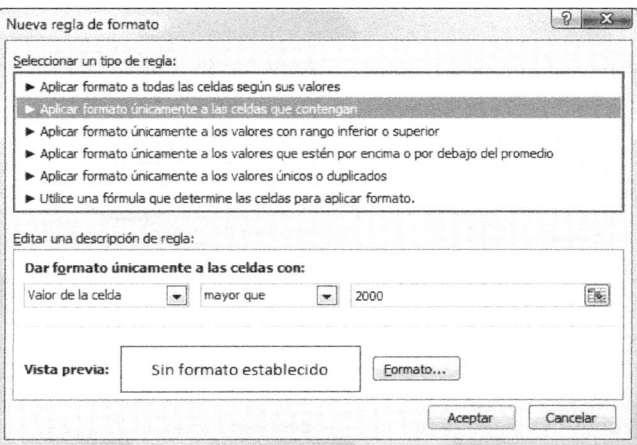

■ Pulsamos en el botón **Formato** para elegir el formato que tendrán las celdas que cumplan la condición. Elegimos en la ficha **Relleno**, color rojo.

■ **Aceptar**.

4.6.2 ELIMINAR FORMATO CONDICIONAL

Cuando queremos eliminar un formato condicional, seleccionamos todas las celdas donde queramos borrar dicho formato y hacemos clic en **Formato condicional/Borrar reglas/Borrar reglas de las celdas seleccionadas**.

4.7 INSERTAR Y ELIMINAR

Cuando estamos trabajando con hojas de cálculo, es muy común encontrarnos con situaciones donde vamos a tener que insertar o eliminar celdas, filas o columnas, e incluso hojas de cálculo completas.

Los botones para realizar estas operaciones se encuentran en la ficha **Inicio**, dentro del grupo **Celdas**.

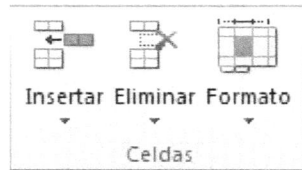

Para insertar una fila, situamos el cursor una fila por debajo de donde deseamos insertarla, pulsamos en el botón **Insertar** y elegimos **Insertar fila de hoja**. La nueva fila se insertará por encima de la posición del cursor.

Para insertar una columna, el proceso es similar al de insertar una fila. Tenemos que tener en cuenta que en el caso de las columnas nuevas, estas se insertarán a la izquierda de la posición del cursor. En este caso pulsamos en la opción **Insertar columna de hoja**.

Para insertar nuevas hojas de trabajo pulsamos en la pestaña del libro que lleva el símbolo *, de esta forma se crea automáticamente otra hoja más.

4.7.1 ELIMINAR FILAS Y COLUMNAS

Para eliminar filas o columnas, previamente las seleccionaremos y a continuación pulsando en el botón **Eliminar** situado en la ficha **Inicio**, elegimos la opción de menú que corresponda con lo que deseamos eliminar.

4.7.2 ELIMINAR HOJAS

1.   Nos situamos en la hoja a eliminar.

2.   Pulsamos en el botón **Eliminar**.

3.   Elegimos **Eliminar hoja**. La hoja se elimina del libro.

4.8 REALIZACIÓN DE CÁLCULOS

4.8.1 CÁLCULOS SIMPLES CON OPERADORES ARITMÉTICOS

Vamos a ver ahora cómo podemos realizar cálculos en una hoja de **Excel**.

4.8.2 EJERCICIO GUIADO

Crearemos la siguiente hoja de cálculo para desarrollar unos ejemplos. Introducimos los números del 1 al 9, tal y como están colocados en la figura siguiente.

	A	B	C	D
1	1	2	3	
2	4	5	6	
3	7	8	9	
4				

Vamos a aprender a hacer operaciones matemáticas con operadores aritméticos, que son:

+	Suma.
.	Resta.
*	Producto.
/	División.

Queremos hacer la suma de la primera fila.

El primer requisito para realizar una operación es situarse en la celda donde vamos a obtener el resultado, en nuestro ejemplo nos situamos en la celda **D1**.

Escribimos lo siguiente:

=A1+B1+C1

Y pulsamos **INTRO** para aceptar la fórmula. Al pulsarlo visualizamos el resultado de la operación (6). Si situados en esta celda (**D1**), nos fijamos en la barra de fórmulas, se visualiza la fórmula introducida.

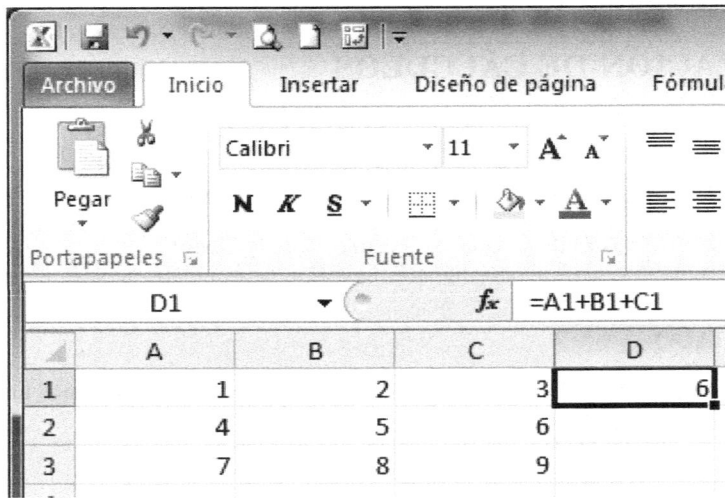

Con esta operación, lo que le estamos indicando a **Excel** es que sume el contenido de las celdas que se mencionan en la suma, independientemente de su contenido. De esta forma, vamos a tener el resultado siempre actualizado, aunque nuestros datos varíen.

Vamos a cambiar uno de los datos. Para ello nos situamos en la celda **A1**, y cambiamos el 1 por 50, al pulsar **INTRO**, el resultado de forma automática se modifica. ¿Por qué? Pues porque hemos sumado celdas, con el contenido que tengan en cada momento.

Nos situamos ahora en la celda **D2**, queremos realizar la siguiente operación: (6+4)/2

Escribiremos: =**(C2+A2)/B1**

4.8.3 AUTOSUMA

Tenemos una herramienta que nos permite sumar filas o columnas. Se trata del botón **Autosuma** Σ Autosuma ▾ , que está en la ficha **Inicio**, en el grupo de opciones **Modificar**.

Para utilizarlo, solamente nos tenemos que colocar en la celda donde vamos a obtener el resultado, en nuestro ejemplo nos situamos en la celda **A4**, para sumar toda la columna. Colocados ahí pulsamos este botón y nos mostrará una línea punteada que rodea todas las celdas que se van a sumar.

Pulsamos **INTRO** para aceptar.

4.8.4 COPIAR FORMULAS Y REFERENCIAS RELATIVAS

Cuando una fórmula se repite, se puede copiar.

4.8.4.1 Ejercicio guiado

En el siguiente ejemplo tenemos una tabla que nos muestra las ventas del primer cuatrimestre. Pretendemos realizar la suma para cada mes.

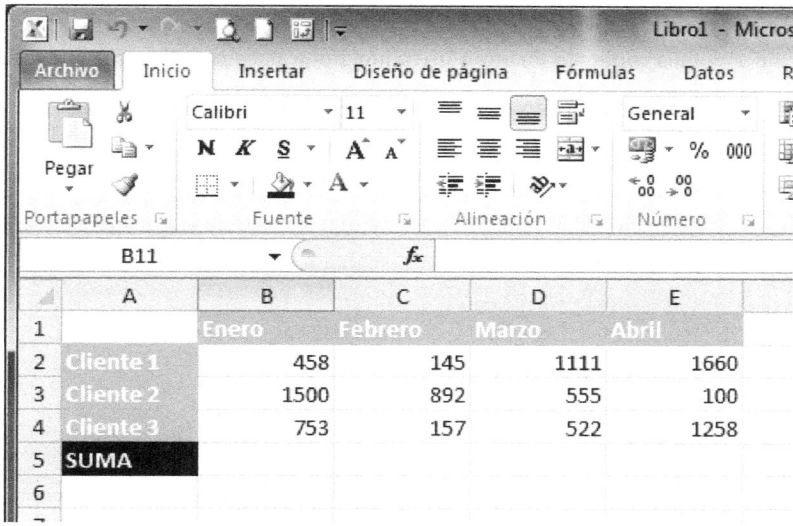

Realizamos la primera suma:

1. Nos situamos en la celda donde queremos obtener el resultado: **B5**.

2. Ponemos el símbolo =.

3. Escribimos =**B2**+**B3**+**B4**

Si quisiéramos realizar la suma para los meses siguientes tendríamos que escribir las siguientes operaciones:

Febrero.	=C2+C3+C4
Marzo.	=D2+D3+D4
Abril.	=E2+E3+E4

Si nos fijamos en estas operaciones, comprobaremos que estamos repitiendo la misma operación pero con distintas celdas, es decir, la fórmula se está repitiendo.

Como hemos dicho antes, cuando una fórmula se repite se puede copiar, lo único que tendremos que tener en cuenta es cómo varían las referencias de las celdas al copiar la fórmula.

Cuando copiamos una fórmula las referencias van a variar de la siguiente forma:

- ■ Si copiamos la fórmula hacia la derecha, varía la letra de la referencia en una unidad, es decir, si en la fórmula original es **B1**, en la siguiente será **C1** y el número de fila se mantiene.

- ■ Si copiamos hacia abajo, varía el número de la referencia en una unidad y la letra de la columna se mantiene.

A esta variación se le llama **Referencias relativas**.

En el ejemplo anterior podemos copiar la fórmula introducida en la celda **B5** hacia la derecha.

Una forma de hacerlo es situarnos sobre la celda y tirar de la esquina inferior derecha (controlador de relleno) hasta rellenar las celdas consecutivas, que es donde queremos copiar dicha fórmula.

Para comprobar que se ha realizado de forma correcta nos situamos en las celdas donde hemos obtenido los resultados y vamos comprobando a través de la barra de fórmulas que se ha realizado correctamente.

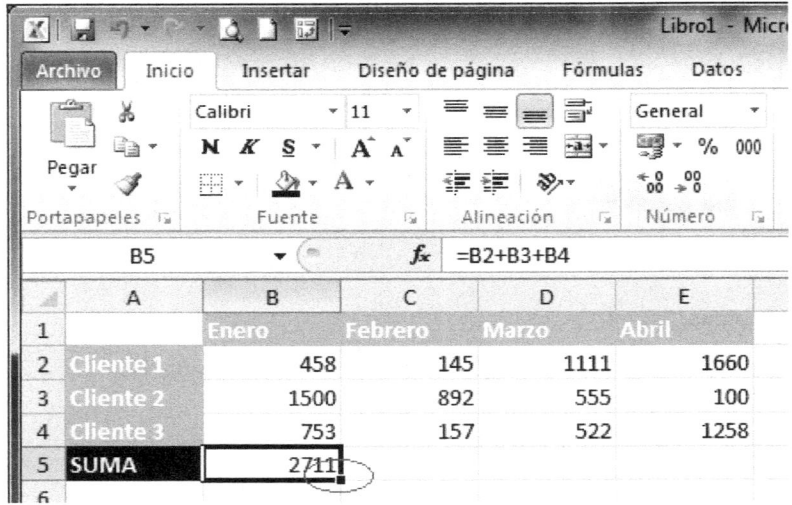

Si ahora quisiéramos realizar la suma de cada cliente, nos situamos en la celda **F2** y escribimos =**B2+C2+D2+E2**

F3	=C2+C3+C4
F4	=E2+E3+E4

Que es justamente lo que vamos a obtener si copiamos la fórmula hacia abajo. Como copiamos hacia abajo, en la fórmula se incrementa el número de la fila y se mantiene la letra de la columna.

4.8.4.2 Ejercicio práctico

Abrimos el ejercicio *Chiquitín.xlsx realizado en la práctica anterior,* y realizamos los cálculos de la última columna. Se trata de calcular la columna *Total* y lo haremos multiplicando la celda que contiene la *Cantidad* por la celda que contiene el *Precio*. Una vez realizada la primera fórmula, la copiamos al resto de las celdas.

4.8.5 REFERENCIAS ABSOLUTAS Y MIXTAS

En muchas ocasiones hay celdas dentro de la fórmula que al copiarlas no deben variar, tienen que mantenerse fijas. A esto se le llama **Referencias absolutas**.

4.8.5.1 Ejercicio guiado

Continuamos con el ejemplo anterior. Vamos a calcular el 10% de descuento para cada mes.

Nos situamos en la casilla B6 y escribimos la siguiente fórmula: =**B5*A6**

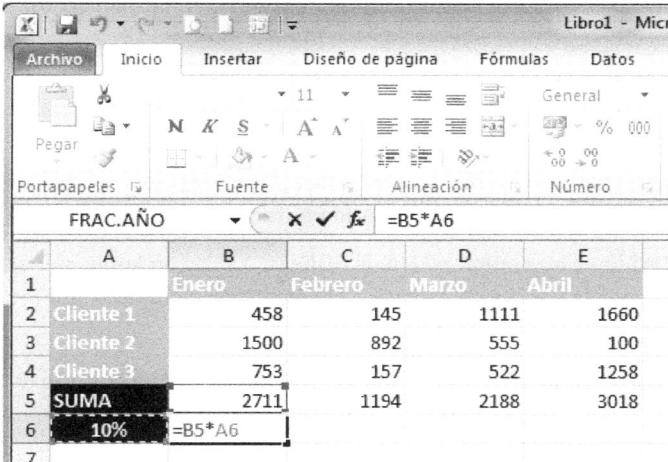

Si arrastramos el controlador de relleno para copiar la operación al resto de meses, nos quedaría de la siguiente forma:

Celda	B6	C6	D6	E6
Fórmula	=B5*A6	=C5*B6	=D5*C6	=E5*D6
Resultados	271,1	323693,4	708241159	2,1375E+12

¿Qué está sucediendo? La suma sobre la cual calculamos el 10% se está seleccionando de forma adecuada, en la primera formula es **B5**, después **C5**, **D5 y E5**, pero **A6**, que es la celda donde está situado el 10%, es una celda que debería repetirse en todas las fórmulas y que si arrastramos la fórmula original sin más no se repite, sino que varía como vemos en el ejemplo.

¿Cómo le indicamos a **Excel** que al copiar esta fórmula la celda se mantenga fija?

Para indicarle a **Excel** que una celda es fija dentro de una fórmula y que no debe variar, utilizamos el símbolo $. Este símbolo lo pondremos delante de la letra de la celda y delante del número para indicar que aunque la fórmula se copia hacia la derecha o hacia abajo la referencia no varíe. A esto se le llama referencias absolutas.

Volvemos a nuestro ejemplo. Modificamos la primera fórmula, y escribimos lo siguiente: =**B5***$**A**$**6**.

Una vez escrita esta fórmula arrastramos para copiar hacia la derecha y en cada celda debe salir el 10% de la suma de cada mes.

Las formulas obtenidas serán las siguientes, en las que siempre se repite A6:

Celda	B6	C6	D6	E6
Fórmula	=B5*A6	=C5*A6	=D5*A6	=E5*A6

El símbolo $ lo que nos permite es indicar si la columna, la fila o las dos cosas van a ser fijas para la fórmula. Cuando sólo fijamos una de las dos, es decir, fila o columna, entonces se llaman **Referencias mixtas**. Por ejemplo: **A$5**; **$A5**; **$B7**; **B$7**

4.8.6 USO DE LAS FUNCIONES

Cuando realizamos algunas operaciones matemáticas, tenemos la opción de realizar dichas operaciones con los operadores aritméticos (como hemos estudiado en la sección anterior) o con funciones.

Por ejemplo, si queremos realizar una suma podemos utilizar la función suma o el operador aritmético +. Pero en otras ocasiones sólo vamos a tener la opción de utilizar funciones, por ejemplo si queremos extraer el máximo de un conjunto de valores, el mínimo, etc.

Antes de utilizar las funciones, vamos a recordar qué es un *rango*. Es un conjunto de celdas contiguas.

El rango que se muestra en la imagen anterior lo podemos definir de dos formas:

1. Nombrando todas sus celdas separadas por punto y coma, **A1;B1;C1;A2;B2;C2**

2. Nombrando la primera y última celdas separadas por dos puntos, es decir: **A1:C2**

Esto nos va a servir para entender cómo se utilizan las funciones.

4.8.7 ASISTENTE PARA FUNCIONES. FUNCIONES BÁSICAS

Dentro de este apartado vamos a conocer como se utilizan algunas de las funciones más básicas y más utilizadas, como la SUMA, el PROMEDIO, etc.

Al igual que para realizar operaciones con los operadores aritméticos, el primer requisito es colocarnos en la celda donde vamos a obtener el resultado.

Utilizaremos los datos de la imagen anterior. Nos situamos en la celda **D1**, que es la celda donde vamos a realizar la suma del rango seleccionado que se muestra en la imagen.

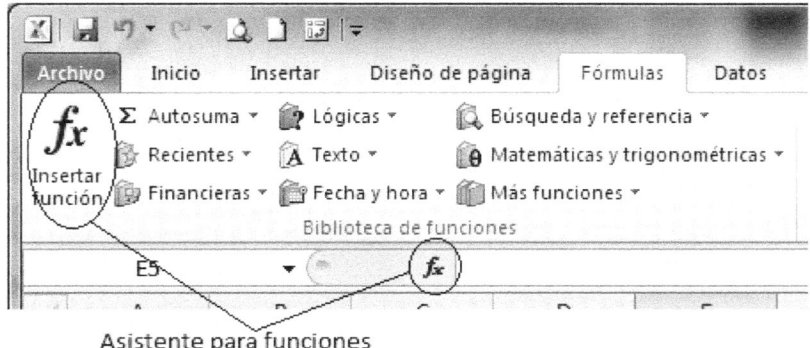

A continuación tenemos que elegir la función que queremos utilizar.

En la cinta de opciones tenemos una ficha llamada **Fórmulas** en la que hay un grupo de opciones llamado **Biblioteca de funciones**, donde aparecen las categorías de funciones más importantes para poder elegir la función que vamos a utilizar.

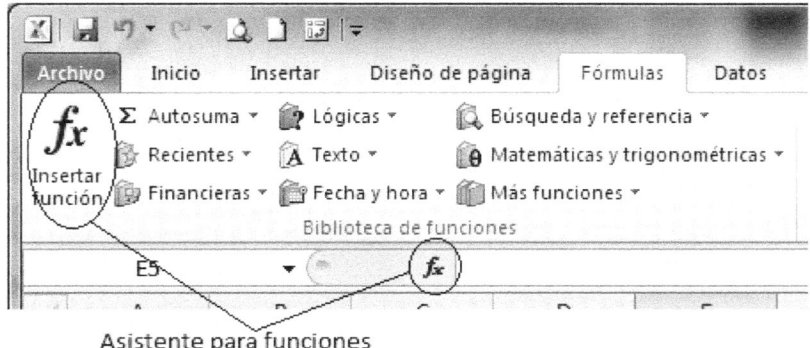

Asistente para funciones

Si pulsamos en el botón **Insertar función** accedemos al **Asistente para funciones**, que nos va a mostrar la biblioteca de funciones completa.

El *Asistente para funciones* es un pequeño programa que nos ayuda a escribir una función. Cuando escribimos funciones utilizando el asistente, podemos omitir todos los caracteres que hay que insertar en la función y que forman parte de su sintaxis, ya que el asistente lo escribirá por nosotros.

Por ejemplo, al utilizar el asistente no es necesario poner el símbolo igual al principio de la función, ya que éste lo escribe por nosotros.

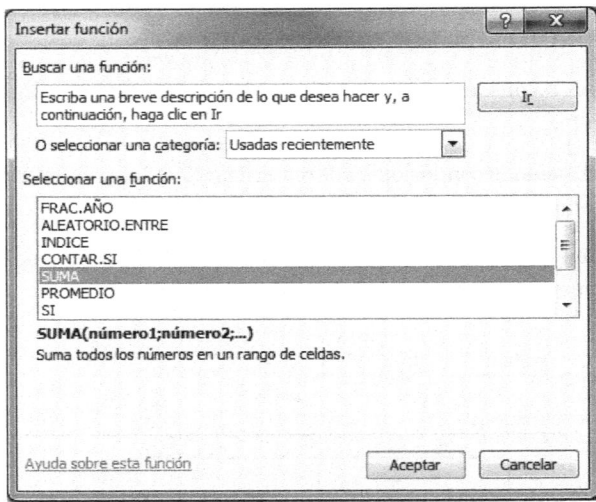

Las funciones están agrupadas en diferentes categorías: *Texto*, *Lógicas*, *Matemáticas* y *trigonométricas*, etc. En la casilla **Seleccionar categoría**, tenemos que elegir la categoría donde se encuentra la función que vamos a utilizar. De esta forma en la parte inferior aparecerá un listado de todas las funciones pertenecientes a la categoría elegida, ordenadas por orden alfabético.

Si no sabemos a qué categoría puede pertenecer la función que estamos buscando podemos elegir la categoría *Todas*, de esta forma nos aparecerá un listado de todas las funciones ordenadas alfabéticamente.

Una vez que hemos elegido la función que vamos a utilizar, elegimos la **SUMA**, en la parte inferior de la ventana, en negrita se muestra la sintaxis de la función. La sintaxis es la forma en la que se tiene que escribir la función y los parámetros que utiliza.

Y por último, debajo de la sintaxis aparece una breve descripción de lo que realiza la función.

Cuando estemos seguros de que esa es la función que queremos usar, pulsamos el botón **Aceptar** y aparecerá un cuadro de diálogo como el siguiente:

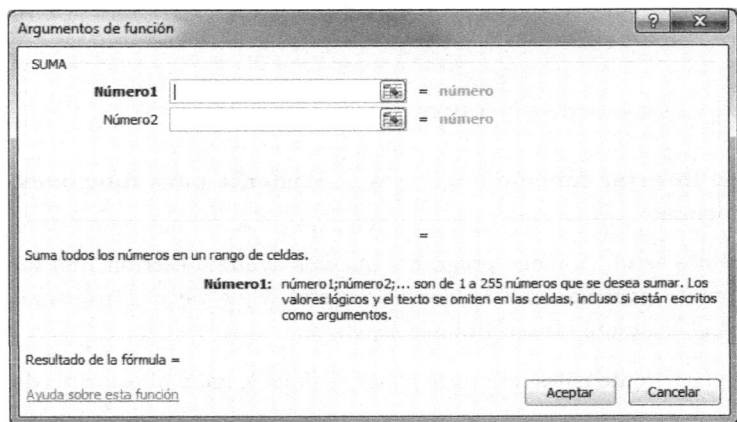

Nos situamos en la casilla "Número1" y con el cursor colocado ahí nos desplazamos a la hoja de cálculo, sin cerrar esta ventana, y seleccionamos el conjunto de celdas que queremos sumar. Si son rangos diferentes, pulsamos **CTRL** para seleccionarlos.

- En nuestro ejemplo seleccionaremos el rango **A1:C2**

- De forma automática nos aparecerá el rango seleccionado.

- Pulsamos **Aceptar** y obtenemos el resultado.

- En la barra de formulas podemos visualizar la función introducida: =**SUMA(A1:C2)**

4.8.7.1 Ejercicio guiado

Vamos a realizar otro ejemplo: calcular el valor máximo de todos los datos introducidos en la hoja de cálculo. El resultado lo obtendremos en la celda **A4**.

1. Nos situamos en la celda **A4**.

2. Pulsamos en el botón **Insertar función**.

3. En **Categorías** elegimos **Estadísticas**.

4. Buscamos la función **MAX**.

5. Pulsamos **Aceptar**.

6. Situados en la casilla **Número1**, seleccionamos el rango **A1:C3** y pulsamos **Aceptar**.

Vamos a calcular ahora el mínimo y el promedio de los mismos datos y el producto de la primera y última columnas.

Celda de resultado	Categoría/Función	Rango datos
B4	Estadísticas/Min	A1:C3
C4	Estadísticas/Promedio	A1:C3
D4	Matemáticas/Producto	A1:A2;C1:C2

4.8.8 EJERCICIO PRÁCTICO

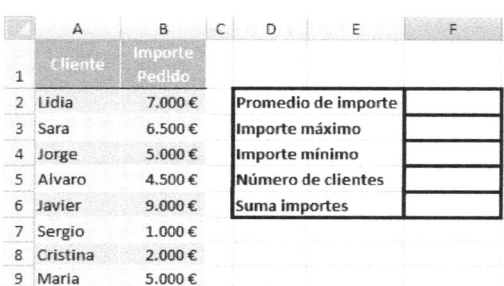

Realizaremos los cálculos que aparecen a la derecha de la hoja de cálculo, utilizando las funciones: Suma, Promedio, Contar, Max y Min.

4.8.9 FUNCIONES LÓGICAS. LA FUNCIÓN SI

Vamos a estudiar una función que se utiliza con frecuencia en **Excel**. Pertenece a la categoría **Lógicas** y se llama **SI**.

Esta función nos permite establecer una condición y dos resultados, de tal forma que si la condición se cumple devuelve el primer resultado, y si no se cumple, el segundo.

4.8.9.1 Ejercicio guiado

Vamos a verlo con un ejemplo en el que hemos calculado la suma para cada mes y en función de su cuantía vamos a calcular un 10% de descuento. El descuento se va a calcular en aquellos meses cuya suma supere los 2.100€.

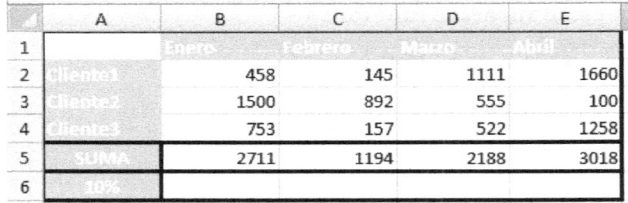

	A	B	C	D	E
1		Enero	Febrero	Marzo	Abril
2	Cliente1	458	145	1111	1660
3	Cliente2	1500	892	555	100
4	Cliente3	753	157	522	1258
5	SUMA	2711	1194	2188	3018
6	10%				

1. Nos situamos en la primera celda donde queremos calcular un descuento, en **B6**, para el mes de enero.

2. Pulsamos f_x (Insertar función).

3. Elegimos la categoría **Lógicas** y dentro de esta la función **SI**.

4. Pulsamos **Aceptar**.

Se muestra el siguiente cuadro de diálogo, que es donde vamos a indicar la condición y los dos resultados posibles de la función.

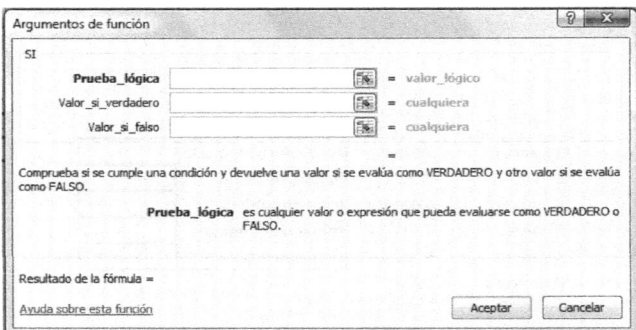

Prueba lógica: Se refiere a la condición. Una condición tiene dos partes, por ejemplo que a=b; que a<b, etc. Es aquí donde vamos a utilizar los operadores de comparación, que son los siguientes:

Operador	Significado
=	Igual
>	Mayor
<	Menor
>=	Mayor o igual
<=	Menor o igual
<>	Distinto

En nuestro ejemplo vamos a establecer la condición que se tiene que cumplir para que se efectúe el descuento del 10% para ese mes. Y sería la siguiente: **B5>2100**

Le estamos indicando que **B5**, que es la celda donde aparece la suma del mes de enero sea superior a 2100.

Ya tenemos la **Prueba lógica**.

Valor si verdadero: En esta casilla tenemos que poner el resultado si la condición se evalúa como verdadera, es decir, si se cumple dicha condición.

En el ejemplo que estamos elaborando, si la condición se cumple vamos a calcular un 10% de la suma, con lo cual escribiremos: **B5*A6**.

Ponemos **A6** porque es la celda donde aparece el porcentaje de cálculo y cuando copiemos la fórmula, necesitamos que esa referencia no varíe.

Valor si falso: Aquí es donde vamos a establecer el valor si la condición no se cumple. En nuestro ejemplo, si la suma no supera los 2.100€, no vamos a calcular ningún descuento, con lo cual escribiremos 0.

Resumiendo, el cuadro de diálogo correspondiente a la función quedará de la siguiente forma:

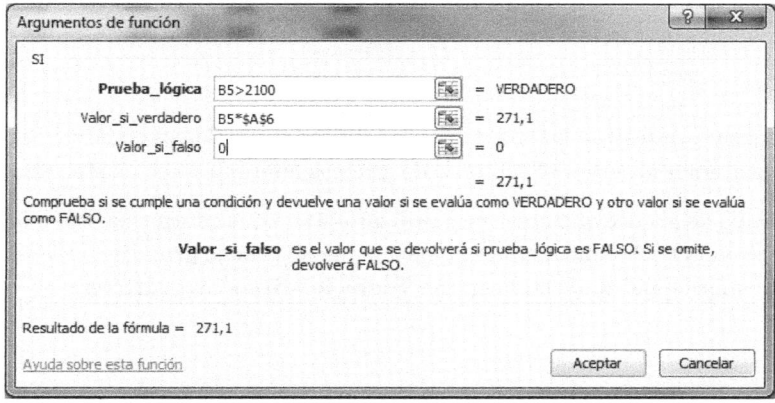

Al pulsar **Aceptar**, se mostrará el resultado para el mes de Enero, que en este caso es el 10% de la suma, porque dicha suma supera los 2.100€.

Si copiamos la fórmula hacia la derecha, irán apareciendo los resultados correspondientes al resto de meses. El único que no tiene descuento es el mes de Febrero, ya que no cumple la condición establecida, es decir, su suma no supera los 2.100€.

4.9 GRÁFICOS

Un gráfico es una representación de los datos de una hoja de cálculo que nos permiten una interpretación más clara de los mismos.

Partimos del siguiente ejemplo:

	A	B	C	D
1		Tenis	Futbol	Golf
2	Carlos	100	200	300
3	Javier	300	250	100
4	Mario	150	150	200
5	Ana	120	100	180
6				

Para crear un gráfico, previamente tenemos que seleccionar en nuestra hoja de cálculo, aquellos datos que queremos representar. Seleccionamos todos los datos de la hoja de cálculo.

Una vez seleccionados pulsamos en la ficha **Insertar** y en ella se encuentra el grupo de opciones **Gráficos**.

En este grupo de opciones se muestran las categorías de gráficos que podemos elaborar. Si vamos pulsando en cada una de estas categorías podremos observar el conjunto de gráficos diferentes que existen dentro de cada una ellas.

Si no encontramos el tipo de gráfico que queremos utilizar entre estas categorías podemos desplegar el cuadro de diálogo completo pulsando en la flecha que aparece abajo a la derecha, en el grupo de opciones, o bien en cada una de las categorías en la parte inferior, pulsando en la opción **Todos los tipos de gráficos**.

De esta forma se despliega un cuadro de diálogo con todos los tipos de gráficos, de cualquier categoría:

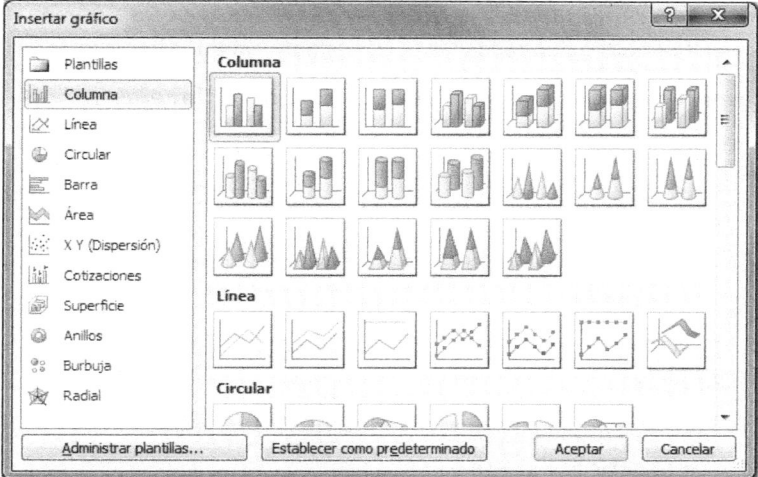

Cuando seleccionamos el tipo de gráfico que queremos utilizar, de forma inmediata se inserta en la hoja de cálculo el gráfico.

Para nuestro ejemplo vamos a seleccionar columna agrupada 3D.

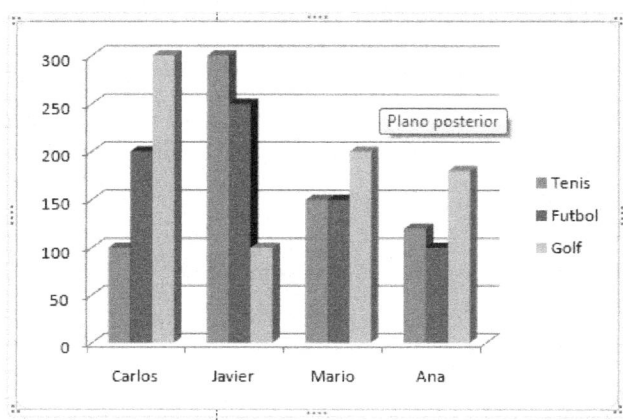

Vamos a ir modificando diferentes aspectos del gráfico para cambiar su aspecto.

4.9.1 TAMAÑO DEL GRÁFICO

Para cambiar el tamaño del gráfico, tiramos de los selectores que aparecen en las esquinas del gráfico o en la parte superior e inferior o izquierda y derecha (se visualizan unos puntitos grises).

4.9.2 ETIQUETAS

Una vez que insertamos el gráfico, aparecen tres nuevas fichas: **Diseño**, **Presentación** y **Formato**. Son herramientas de gráficos, en ellas se recogen todas las opciones para cambiar las características del gráfico.

Dentro de la ficha **Presentación** se encuentra el grupo de opciones **Etiquetas**.

Tenemos las siguientes opciones:

- **Título del gráfico**: Con esta opción podemos poner un título al gráfico.

- **Rótulos del eje**: Se refiere a títulos para los ejes.

- **Leyenda**: Es el texto con la casilla de color para identificar cada columna.

- **Etiquetas de datos**: Para poder poner el dato exacto a cada figura del gráfico.

- **Tabla de datos**: Para adjuntar la tabla al gráfico.

En nuestro ejemplo le damos los siguientes valores:

- Pulsamos en el botón **Título del gráfico** y elegimos **Encima del gráfico**. Escribimos *Ventas*.

- En el botón **Rótulos del eje**, elegimos **Título de eje horizontal primario/Bajo el eje**. Escribimos *Clientes*. Pulsamos en **Título de eje vertical primario/Título girado**. Escribimos *Cantidades*.

- **Leyenda/Mostrar leyenda en la parte inferior**.

Con estas opciones que le hemos dado quedará similar al siguiente:

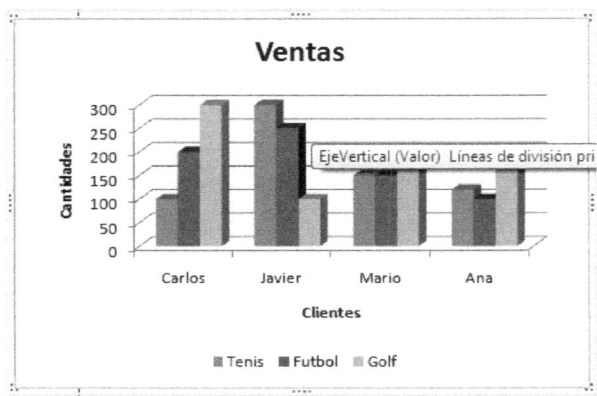

4.9.3 EJES

Disponemos de otro grupo de opciones llamado **Ejes**, situado también en la ficha **Presentación**, a través del cual vamos a poder dar propiedades a los ejes del gráfico, como cambiar la escala del eje numerado, qué ejes queremos visualizar, las líneas que queremos mostrar, etc.

4.9.4 FONDO DEL GRÁFICO

Con el grupo de propiedades **Fondo** podemos cambiar la vista 3D del gráfico, fondo del gráfico y contorno, etc.

4.9.5 DISEÑO DEL GRÁFICO

Si nos situamos en la ficha **Diseño** encontramos más opciones para seguir modificando el aspecto del gráfico. A través del grupo de opciones **Datos** vamos a poder modificar la forma en que se visualizan los datos en el gráfico.

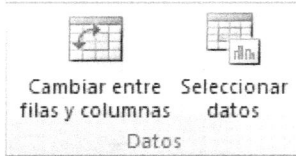

Con el botón **Cambiar entre filas y columnas**, lo que sucede es que intercambia los datos que están en el eje de categorías con la leyenda, es decir, los datos del eje se muestran en la leyenda y los de la leyenda en el eje.

El otro botón, **Seleccionar datos**, nos va a permitir seleccionar los datos que intervienen en el gráfico (si no los seleccionamos previamente o los queremos cambiar).

En el grupo de opciones **Diseños de gráfico** vamos a poder elegir para nuestro gráfico diferentes diseños ya elaborados.

Y en el siguiente, **Estilos de diseño**, encontraremos un montón de formatos con diferentes combinaciones de colores y estilos.

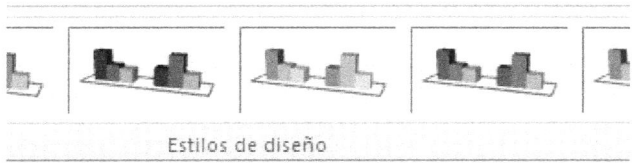

Tanto en una opción como en la otra, simplemente hay que elegir el modelo y podemos visualizar el resultado.

Y, por último, el botón **Mover gráfico**, que nos va a permitir darle una ubicación diferente al gráfico.

4.9.6 FORMATO DEL GRÁFICO

Disponemos de la ficha **Formato**, en la que vamos a poder establecer el diseño de cada uno de los elementos que seleccionemos en el gráfico.

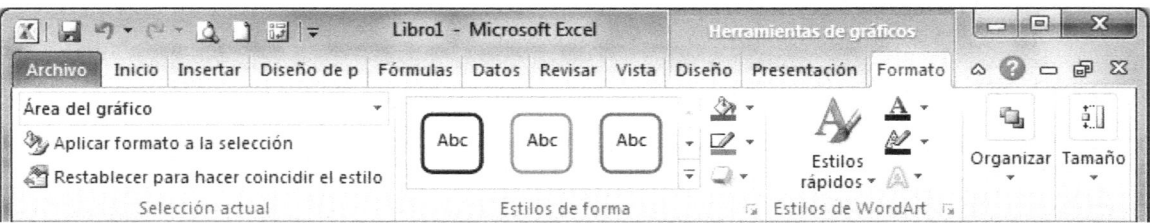

4.9.7 EJERCICIO PRÁCTICO

Con los datos que se muestran a continuación realizar un gráfico parecido al del modelo.

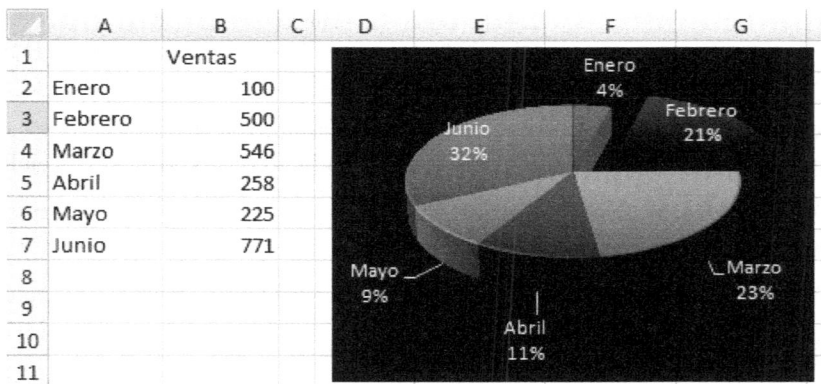

4.10 CONFIGURAR PÁGINA

En la cinta de opciones encontramos la ficha **Diseño de página**, y en ella el grupo de opciones **Configurar página**. Pulsamos en la esquina inferior derecha para acceder al cuadro de diálogo completo.

El cuadro de diálogo está distribuido en fichas, cada una de ellas dirigida a un aspecto diferente de la configuración.

La primera ficha se llama **Página**.

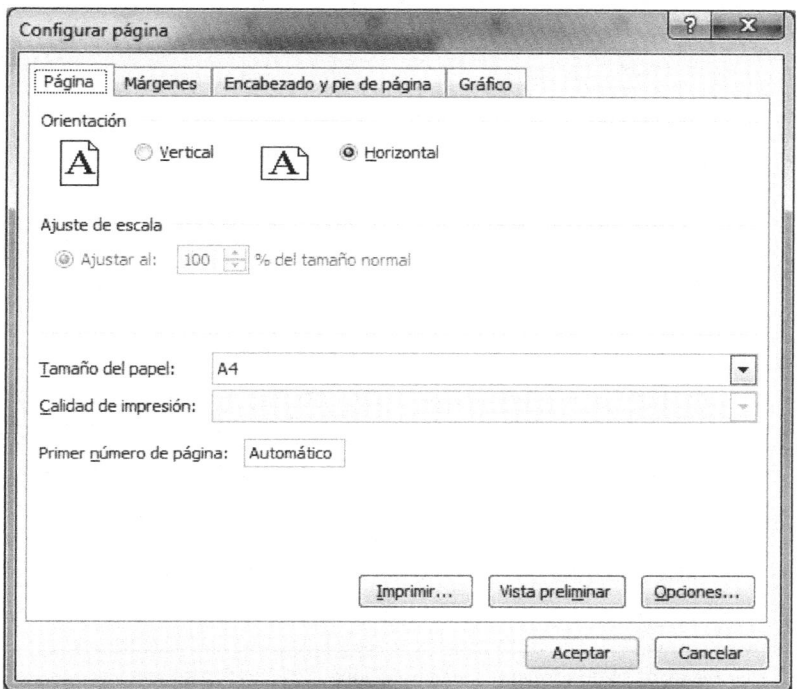

En ella podemos cambiar:

- ■ **Orientación del papel**: Vertical u horizontal.

- ■ **Ajuste de escala**: Podemos ajustar el número de páginas en el que queremos imprimir, ajustando el contenido en porcentajes, aumentándolo o disminuyéndolo.

- ■ **Tamaño del papel**: A4, A3, etc.

- ■ **Calidad de impresión**: Podemos disminuir la calidad en la que vamos a imprimir.

La siguiente ficha nos da las opciones para variar los márgenes, que se miden en centímetros.

- ■ Las casillas **Encabezado** y **Pie de página** nos dan la posibilidad de determinar la posición de estos dos elementos. Esta posición también se especifica en centímetros.

- ■ **Centrar en la página**: Para centrar el contenido de la hoja tanto verticalmente como horizontalmente, independientemente de los márgenes establecidos.

Con respecto a la ficha **Encabezado y pie de página**, es a través de ella donde vamos a poder definir los contenidos de estos dos elementos, pulsando en **Personalizar encabezado** o **Personalizar pie de página**.

Al pulsar **Personalizar encabezado** o **Personalizar pie de página** se muestra una ventana como la siguiente que nos va a permitir elaborarlo:

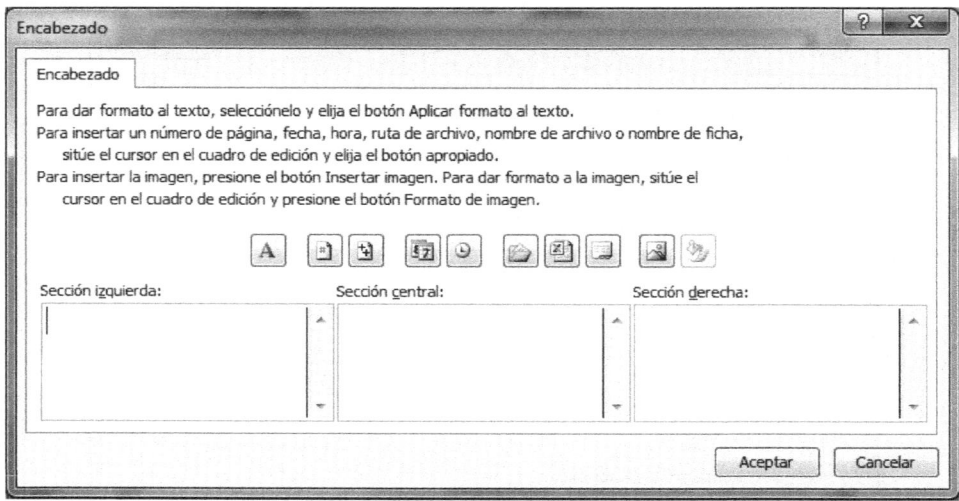

Consta de tres secciones, cada una de ellas se mostrará en un lado de la página.

En cualquiera de las secciones podemos escribir el texto que deseemos, pero además, en la parte superior cada uno de los botones que aparecen ahí, nos permite insertar determinados elementos en el encabezado o pie de página.

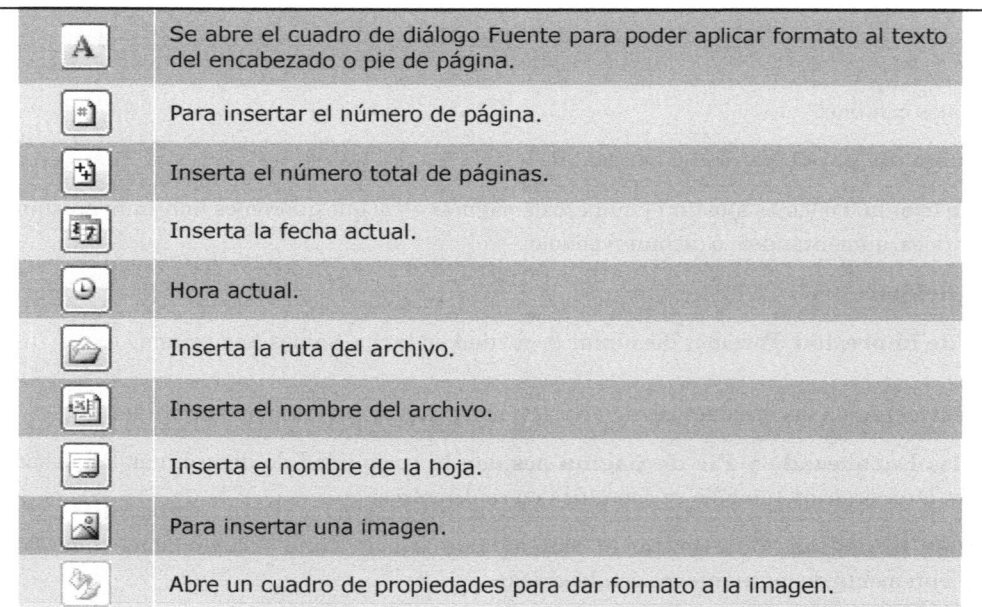

Y en la última ficha, **Hoja**, tenemos primeramente la posibilidad de seleccionar parte de la hoja para imprimir, en **Área de impresión**.

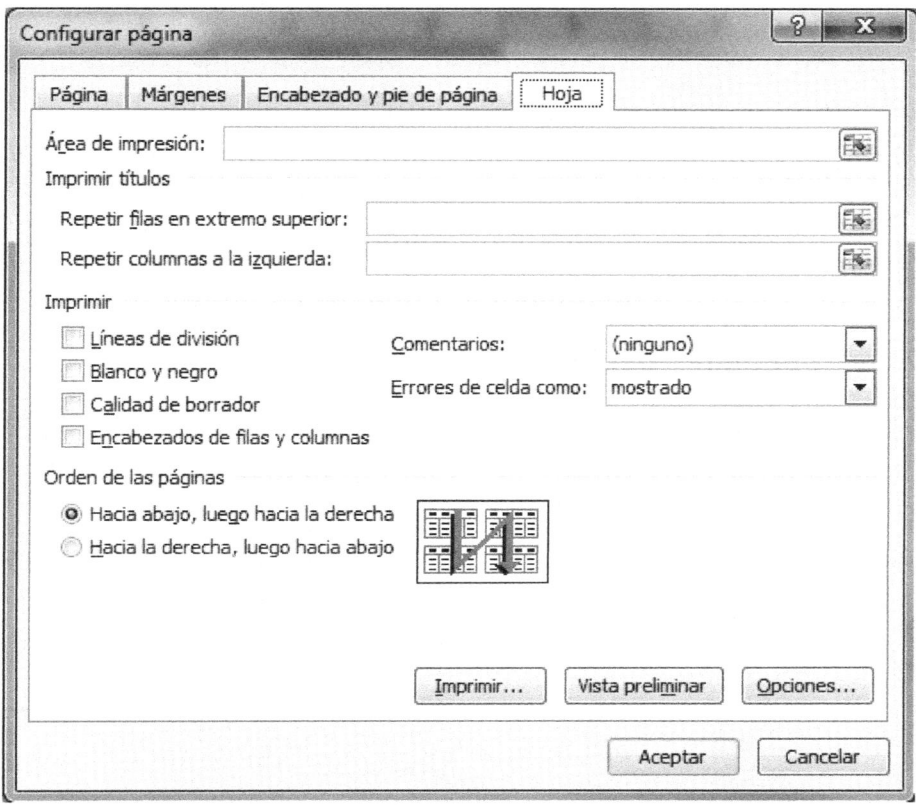

▪ **Imprimir títulos**: Nos permite seleccionar las filas y/o columnas que se van a repetir en cada página impresa.

▪ **Imprimir**: Podemos marcar los elementos que queremos imprimir de la hoja de cálculo.

▪ **Orden de las páginas**: El orden en el que se van a imprimir.

4.11 IMPRIMIR

Una vez que hemos configurado convenientemente la página, estamos disponibles para imprimir la hoja de cálculo.

Para ello, pulsamos en la ficha **Archivo**, en la opción **Imprimir**. Se mostrarán en la parte derecha las opciones de impresión y la vista preliminar del archivo

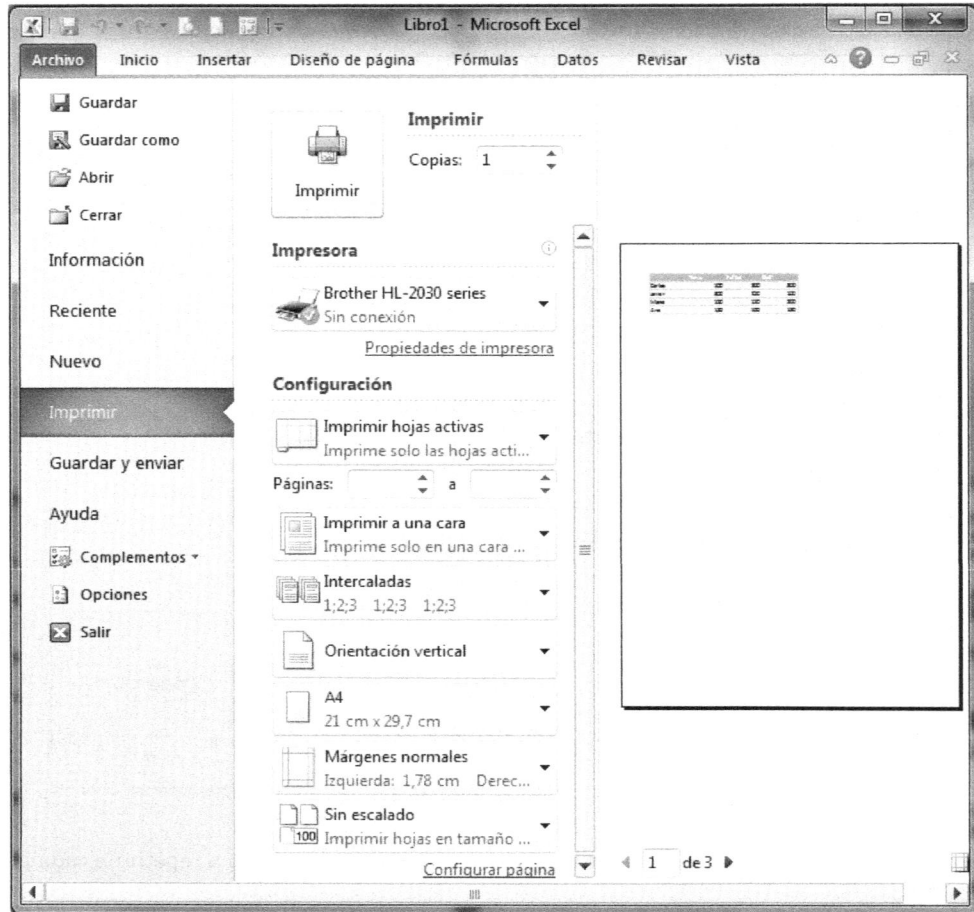

En esta ventana vamos a elegir la impresora en la que vamos a imprimir, si queremos imprimir todas las páginas que componen la hoja de cálculo o solamente un intervalo, número de copias, etc. Si elegimos la opción **Intercaladas**, las copias saldrían ordenadas.

Una vez elegidas todas las opciones de impresión pulsamos **Imprimir**.

4.12 OTRAS HOJAS DE CÁLCULO

OpenOffice.org Calc es una hoja de cálculo compatible con **Microsoft Excel**. Es parte de la suite ofimática *OpenOffice.org*.

Calc, al igual que el resto de la suite **Open Office**, puede fácilmente exportar hojas de cálculo como archivo PDF a partir de su versión 1.1.0. En contraste, **Excel** sólo incluye esta característica desde su versión 2007.

Vamos a describir los elementos de la pantalla principal.

El entorno de trabajo en toda la suite **Open Office** es muy parecido, con las diferencias de cada aplicación.

Detallamos aquí los elementos que son distintos a **Writer**:

■ **Barra de fórmulas**: también se llama barra de contenido; nos muestra siempre el contenido de la celda sobre la que estamos situados. A través de esta barra, podemos acceder al Asistente para funciones 𝒇𝐱 , utilizar la función Suma ∑ , o comenzar con el botón = una operación matemática o función.

■ **Hojas**: en la parte inferior se muestran las fichas de las hojas contenidas en un archivo de hoja de cálculo. Inicialmente son tres, pero se puede crear nuevas hojas o eliminar las ya existentes.

■ **Cabecera de filas y columnas**: al principio de cada columna aparece el nombre que se le da a cada una de ellas, la letra, a esta parte se llama Cabecera de columna, y para la fila se muestra el número que le corresponde a cada una y se llama Cabecera de fila.

■ **Hoja de cálculo**: está formada por filas y columnas que forman casillas. Cada una de estas casillas se llama Celda. Cada columna se nombra con una letra y cada fila con un número, de tal forma que cada celda tiene su propio nombre, **A1**, **B7**, etc. La letra antes que el número.

El funcionamiento de esta hoja de cálculo es igual que **Microsoft Excel**, si bien, tiene más similitud, en cuanto al entorno, a la versión 2003.

Se basa en la utilización de menús, que es donde se encuentran todas las opciones del programa. Con respecto al formato y la realización de operaciones y funciones es igual que en **Excel**.

125

TEST DE CONOCIMIENTOS

1 ¿Se puede personalizar la barra de acceso rápido?

a) No, es una barra estática.

b) La barra de acceso rápido no existe.

c) Sí, se pueden añadir o quitar botones.

2 ¿Si en una celda introducimos 5%, a que numero corresponde?

a) 5

b) 0,05

c) 500

3 ¿Para qué sirve el botón **Ajustar texto**?

a) Sirve para poner el texto de una celda en varias líneas.

b) Para alinear el texto.

c) Para cambiar el tamaño del texto hasta que se ajuste al ancho de la celda.

4 Para escribir 100€ en una celda, el símbolo de euro ¿cómo lo insertamos?

a) Los escribimos después del número.

b) Le damos formato de moneda a la celda.

c) Las dos son correctas.

5 El ancho de columnas se mide en:

a) Puntos.

b) Caracteres.

c) Centímetros.

6 ¿Qué opción tendremos que marcar si queremos resaltar las celdas de una columna que tienen un valor superior a 100?

a) Datos/Filtro.

b) Inicio/Fuente.

c) Inicio/Formato condicional.

7 ¿Qué es una referencia absoluta?

a) Una función que nos devuelve el valor absoluto de un número.

b) Con una referencia absoluta le indicamos a **Excel** que una referencia es fija dentro de una fórmula.

8 ¿Qué hace la siguiente fórmula? =SI(B4=100;"Superado";"No superado")

a) Si el valor de la celda **B4** es igual a 100 el resultado de la formula es "superado", en caso contrario "no superado".

b) Si el valor de la celda **B4** es igual a 100 el resultado de la formula es "no superado", en caso contrario "superado".

9 ¿En qué ficha se encuentran las opciones para insertar gráficos?

a) En la ficha **Diseño**.

b) En la ficha **Insertar**.

c) En la ficha **Datos**.

5

UTILIZACIÓN DE APLICACIONES DE PRESENTACIÓN GRÁFICA

5.1 POWERPOINT 2010

PowerPoint es la herramienta que propone **Microsoft** para realizar presentaciones. Al final de este capítulo será capaz de hacer presentaciones impactantes, tanto en entornos profesionales como personales.

5.2 CONCEPTOS BÁSICOS

Para abrir **PowerPoint 2010** y comenzar a trabajar, como en los otros programas estudiados, disponemos de varias formas:

1. Desplegamos el **Menú Inicio** de la **Barra de tareas de Windows**, nos situamos en la opción **Todos los programas**, y buscamos el acceso a **Microsoft Office PowerPoint 2010**.

2. A través de un acceso directo que encontremos en el escritorio.

3. A través de la barra de inicio rápido.

5.2.1 ENTORNO

Al abrir **PowerPoint**, la pantalla que observamos y en la que vamos a trabajar es la que se muestra en la imagen siguiente.

Veamos los elementos que la componen.

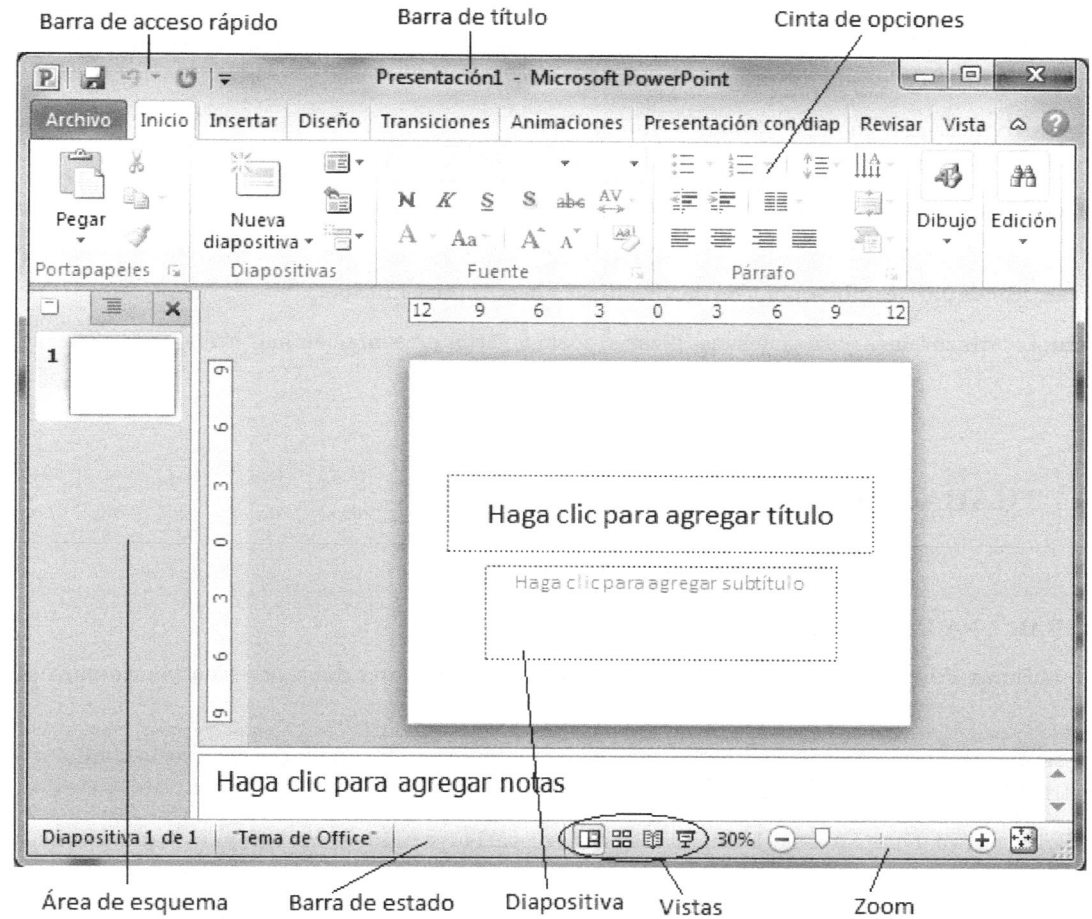

Barra de acceso rápido — Barra de título — Cinta de opciones

Área de esquema — Barra de estado — Diapositiva — Vistas — Zoom

■ **Barra de acceso rápido**: Para acceder rápidamente a algunas opciones, como por ejemplo la opción **Guardar**. En esta barra se encuentran los botones **Deshacer** y **Rehacer** , que nos permiten suprimir o restaurar una acción cada vez que lo pulsamos.

■ **Barra de título**: En ella, aparece centrado el nombre del programa y el nombre de la presentación que tenemos abierta. En este caso se mostrará *Presentación1*, que es el nombre que se le da por defecto a los archivos de **PowerPoint**. Cuando lo guardemos se sustituirá por el nombre que le asignemos. En la parte derecha de la barra de título se encuentran los botones para **Minimizar** (dejar como un botón en la barra de tareas), **Maximizar** (poner a pantalla completa) y **Cerrar** (para cerrar la ventana).

■ **Cinta de opciones**: Está dividida en diferentes **Fichas** (cada ficha es cada una de las pestañas que aparecen en la parte superior), y además los botones correspondientes a cada ficha están organizados en **Grupos**, donde cada uno de ellos realiza una acción diferente. Si vamos pasando el cursor por encima de estos botones se irá mostrando una etiqueta que nos indica la función que realiza cada uno de ellos. Al pulsar en cada una de las fichas que aparecen en la parte superior de las barras de herramientas, **Inicio**, **Insertar**, **Diseño de página**, etc., podremos ver los diferentes grupos de botones.

■ **Área de esquema o diapositivas**: En esta área podemos elegir si queremos visualizar las diapositivas de nuestra presentación en miniatura, eligiendo la Ficha **Diapositivas** o visualizar el contenido de éstas como si fuera un esquema si elegimos Ficha **Esquema**.

■ **Diapositiva**: Es el área donde vamos a trabajar, donde insertaremos los objetos y texto que formen nuestra diapositiva. Su equivalente en **Microsoft Word** es una página del documento.

■ **Barra de estado**: Es la barra inferior de la ventana de **PowerPoint**, nos da información sobre la presentación en la que estamos trabajando.

■ **Vistas**: Iconos para cambiar el modo de visualizar nuestra presentación.

■ **Zoom**: Lo utilizaremos para poder modificar el zoom y ver la presentación más grande o más pequeña.

5.3 TRABAJAR CON PRESENTACIONES

5.3.1 CREAR UNA PRESENTACIÓN

Cuando abrimos **PowerPoint**, la pantalla principal, nos muestra una diapositiva en blanco para comenzar a trabajar.

Una presentación, normalmente constará de más de una diapositiva. Cada diapositiva, sería similar a una nueva página dentro de un documento en un procesador de texto.

PowerPoint nos va a proporcionar las herramientas necesarias para **insertar nuevas diapositivas**, **borrarlas** o **modificarlas**.

En el siguiente apartado vamos a ver cómo podemos crear presentaciones con plantillas ya creadas, y también cómo empezar desde cero, que generalmente es lo habitual.

5.3.1.1 Crear presentación con plantilla

Las plantillas nos permiten elaborar presentaciones que prácticamente están creadas, solamente tendremos que sustituir los textos y los objetos por los que deseamos incluir y mostrar en la presentación.

1. Pulsamos en la ficha **Archivo**.

2. Elegimos la opción **Nuevo**.

3. Elegimos **Plantillas de ejemplo** y seleccionamos la que mejor se adapte a la presentación que queremos elaborar. Pulsamos en el botón **Crear**.

Se crea entonces una presentación con una serie de diapositivas de ejemplo, donde tendremos que ir sustituyendo el texto que aparece en cada diapositiva por el que deseamos incluir en ellas; al igual que las imágenes y otros objetos, los iremos reemplazando por nuestra información. Además podremos añadir nuevas diapositivas que tendrán la misma apariencia.

5.3.1.2 Crear presentación en blanco

Generalmente, las plantillas pocas veces se adaptan a las presentaciones que deseamos elaborar, por eso tenemos la opción de empezar en una diapositiva en blanco, eligiendo, desde un principio, todas las características que la forman: *fondo*, *elementos de texto*, *imágenes*, *gráficos*, *dibujos*, etc.

Para crear una presentación en blanco pulsamos en la ficha **Archivo** y elegimos la opción **Nuevo/Presentación en blanco**. Hacemos doble clic en esta última.

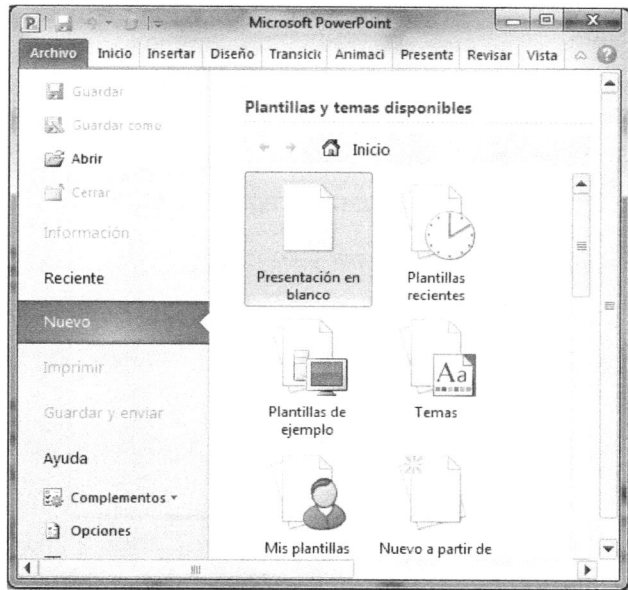

Se crea entonces una nueva presentación en blanco con una diapositiva en la que podemos empezar a trabajar. En esta diapositiva inicial están incluidos dos cuadros de texto, elemento mediante el cual insertaremos texto en las diapositivas.

Vamos a completar esta primera diapositiva. Nos situamos en el primer cuadro de texto y escribimos *MI PRIMERA PRESENTACIÓN* y en el segundo *Curso de PowerPoint*. Nos quedará una diapositiva como la siguiente:

5.3.1.3 Insertar nuevas diapositivas

Ya tenemos creada la primera diapositiva, vamos a insertar una nueva.

- ■ Pulsamos en la ficha **Inicio**

- ■ Dentro del grupo de opciones **Diapositivas**, pulsamos en el botón **Nueva diapositiva**.

- ■ Pulsando sobre la flecha se despliegan los diferentes diseños entre los que podemos elegir para crear la nueva diapositiva. En realidad no tiene demasiada importancia el diseño elegido, ya que posteriormente se pueden eliminar o añadir elementos.

- ■ Elegimos **Título y objetos**. Al elegirlo, se inserta en nuestra presentación una diapositiva como la siguiente. Posteriormente la modificaremos.

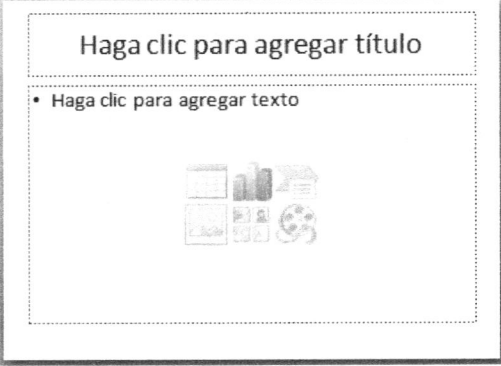

En esta segunda diapositiva insertaremos texto en los dos objetos que se muestran, simplemente haciendo clic en cada uno de ellos. El primero va a corresponder al título de la diapositiva y el segundo a un cuadro con viñetas.

Insertar los textos correspondientes para que quede similar al siguiente modelo:

> ## Segunda diapositiva
>
> - Texto con viñetas 1
> - Texto con viñetas 2

Fijémonos que en esta diapositiva, al escribir el texto de las viñetas se elimina la posibilidad de elegir cualquiera de los otros elementos.

Vamos a insertar una tercera diapositiva, con el mismo diseño que la anterior. En el cuadro de texto superior escribimos el texto *Tercera diapositiva* y en la parte inferior, de todos los elementos que se muestran, pulsamos sobre la Imagen desde archivo y elegimos una de las imágenes de muestra. Quedará una diapositiva similar a la siguiente.

5.3.2 GUARDAR PRESENTACIÓN

Para guardar una presentación, pulsamos en la ficha **Archivo** y hacemos clic en la opción **Guardar como**.

Entre las opciones que aparecen podemos elegir:

- pptx: Se guarda la presentación como un archivo normal de **PowerPoint**.

- ppsx: Se guarda en modo presentación, de tal forma que al abrir este archivo no se abre el programa para poder hacer modificaciones, sino que sólo podemos verla en modo presentación.

En la parte izquierda, en el Panel de exploración, indicaremos la carpeta o unidad de almacenamiento donde queremos guardar la presentación y en la parte inferior indicamos el nombre que le vamos a asignar al archivo. Por último, pulsamos en el botón **Guardar**.

5.3.3 ABRIR UNA PRESENTACIÓN

Para abrir una presentación pulsamos en la ficha **Archivo** y elegimos la opción **Abrir**. En el panel de exploración seleccionamos la unidad de almacenamiento en la cual se encuentra la presentación que deseamos abrir, a continuación seleccionamos la carpeta que contiene la presentación. Posteriormente pulsamos en el botón **Abrir**.

5.3.4 VISTAS

PowerPoint nos ofrece la posibilidad de ver la presentación de varias formas.

En la ficha **Vista** tenemos un grupo de opciones llamado **Vistas de presentación** con los siguientes botones:

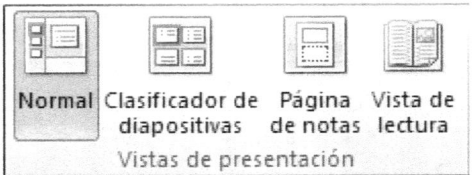

■ **Normal**: Es la forma en la que normalmente trabajamos para elaborar cada una de las diapositivas que forman la presentación. En esta vista podemos modificar las diapositivas *insertando*, *modificando* o *borrando* elementos.

En la parte central se muestra la diapositiva para que podamos modificarla, en la parte izquierda vemos el área de esquema y en la parte inferior el área de notas.

■ **Clasificador de diapositivas**: Esta vista nos permite visualizar todas las diapositivas en miniatura. Muy útil para ordenar las diapositivas, ya que podemos moverlas fácilmente, simplemente arrastrándolas.

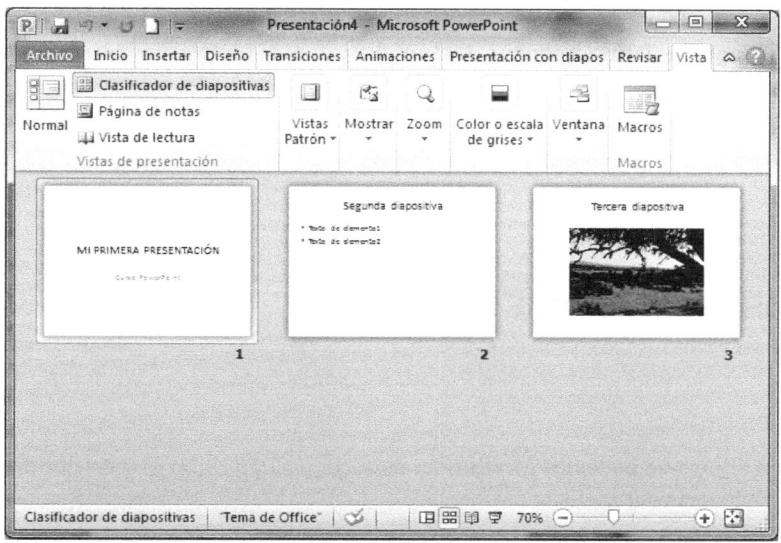

- ▓ **Página de notas**: Se muestra en la mitad de la página la diapositiva y en la otra mitad el área de notas.

- ▓ **Vista de lectura**: Para ver las diapositivas en modo presentación, a pantalla completa y en orden.

5.3.5 EJERCICIO PRÁCTICO

Vamos a crear una nueva presentación que constará de tres diapositivas a la que llamaremos *Práctica1.pptx*. Las diapositivas de las que consta se muestran en la siguiente imagen:

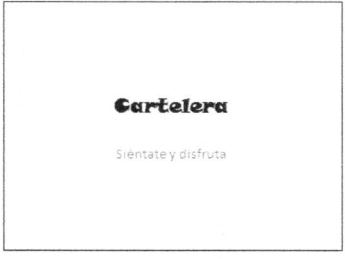

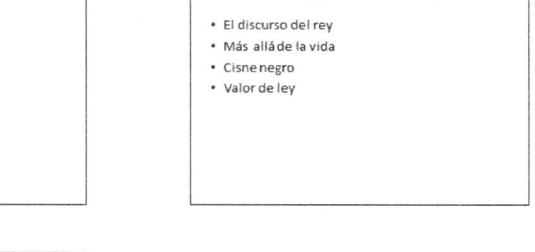

- **1.ª diapositiva**. Plantilla, Diapositiva de título.
- **2.ª diapositiva**. Plantilla, Título y objetos. Incluir el título y el texto con viñetas que aparecen en el modelo.
- **3.ª diapositiva**. Plantilla, Titulo y objetos. Insertar el título y una imagen desde archivo (cualquiera).

Guardar la presentación.

5.4 TEXTOS E IMÁGENES

5.4.1 TEXTOS

En una diapositiva en blanco no podemos escribir sin más, como si fuera un procesador de textos. Necesitamos un elemento que nos permita insertar el texto.

El elemento que vamos a utilizar en las diapositivas para incluir texto son los **Cuadros de texto**.

Podemos hacerlo de dos formas:

1. Utilizar los diseños en los que ya aparecen los cuadros de texto (como en la presentación que hemos elaborado en el punto anterior).

2. Insertar nuevos cuadros de texto desde la cinta de opciones.

Para utilizar los diseños de diapositivas que ya tienen incorporados los cuadros de texto, hemos visto anteriormente, que solamente hay que elegir el diseño que se adapte a la diapositiva que queremos crear, pulsando en **Inicio/Nueva Diapositiva**. Esta parte ya la conocemos del ejemplo anterior. Sigamos con dicho ejemplo.

Nos situamos en la primera diapositiva, donde vamos a insertar un nuevo cuadro de texto, por encima del primero. Para ello, nos situamos en la ficha **Insertar** y en el grupo de opciones **Texto** pulsamos en el botón **Cuadro de texto**.

A continuación, sobre la diapositiva dibujamos un rectángulo. Para dibujarlo, arrastramos el ratón en diagonal. Se crea un cuadro de texto con el cursor en el interior para que podamos escribir el texto. Dejaremos la diapositiva similar a la siguiente:

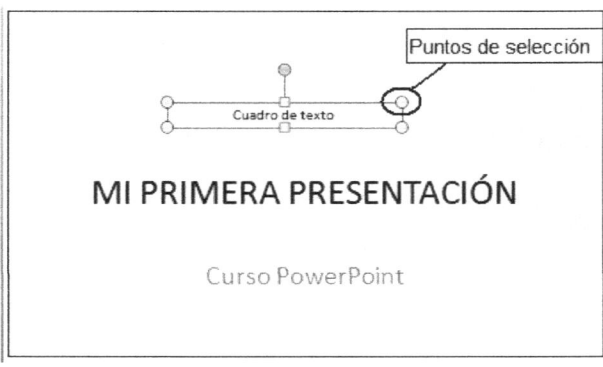

Ahora vamos a ver cómo podemos darle características al cuadro de texto para poder modificar su aspecto.

■ En primer lugar, cuando seleccionamos un cuadro de texto (pulsando una vez sobre él) aparecen los **puntos de selección** (*ver imagen anterior*).

■ A través de estos puntos podemos modificar el tamaño del cuadro de texto. Arrastrándolos hacia dentro hacemos el cuadro más pequeño, hacia fuera más grande.

■ Cualquier elemento se puede mover dentro de la diapositiva. Solamente tenemos que pulsar en el contorno, en este caso del cuadro de texto, y arrastrarlo hasta el punto donde queramos colocarlo.

■ Es posible que en determinado momento nos interese eliminarlo. Para hacerlo, una vez seleccionado, pulsamos en **SUPR.**, en el teclado.

■ También podemos cambiar el aspecto del texto que hemos escrito en el interior. Para ello seleccionamos el texto que queremos cambiar, y en la ficha **Inicio**, en el grupo de opciones **Fuente**, tenemos muchas de las opciones que vamos a utilizar.

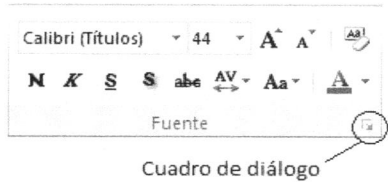

Cuadro de diálogo

A través de este grupo de opciones podemos modificar:

Calibri (Títulos) ▾	Tipo de letra.
44 ▾	Tamaño.
A⌃ A⌄	Aumentar o disminuir fuente.
Aa	Borrar formato.
N	Negrita.
K	Cursiva.
S	Subrayado.
abc	Tachado.
S	Sombra.
AV ↔ ▾	Espacio entre caracteres.
Aa ▾	Cambiar mayúsculas y minúsculas.
A ▾	Color del texto.

Si pulsamos en el botón ⌐ que accede al cuadro de diálogo completo hay algunas características más. Como hemos dicho previamente hay que seleccionar el texto a modificar.

A continuación del grupo **Fuente** encontramos el grupo de opciones **Párrafo**, que agrupa botones para dar características a los párrafos incluidos en estos cuadros de texto.

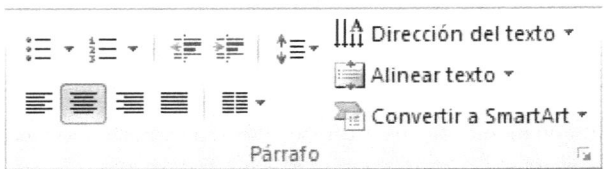

Con estos botones podemos modificar las siguientes características:

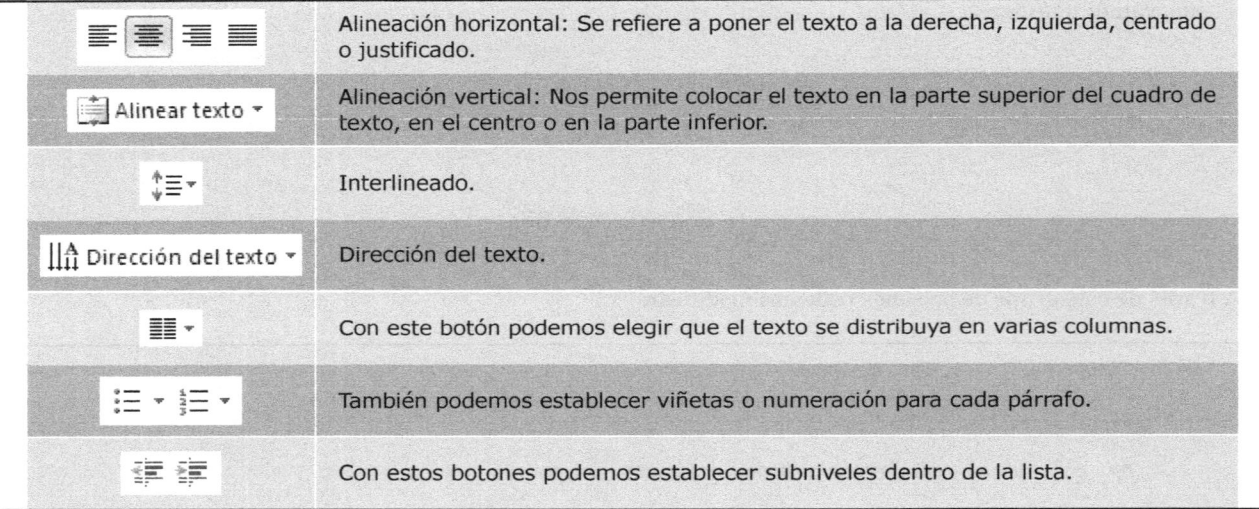	**Alineación horizontal:** Se refiere a poner el texto a la derecha, izquierda, centrado o justificado.
Alinear texto ▾	**Alineación vertical:** Nos permite colocar el texto en la parte superior del cuadro de texto, en el centro o en la parte inferior.
↕≡ ▾	Interlineado.
‖A̲ Dirección del texto ▾	Dirección del texto.
≣ ▾	Con este botón podemos elegir que el texto se distribuya en varias columnas.
≔ ▾ ½≡ ▾	También podemos establecer viñetas o numeración para cada párrafo.
⫷ ⫸	Con estos botones podemos establecer subniveles dentro de la lista.

Al igual que en el grupo de opciones anterior, si pulsamos en el botón que aparece en la esquina inferior derecha ⌐ accedemos a un cuadro de diálogo un poco más completo.

Cuando elegimos las opciones de numeración o viñetas, se mostrará al principio de cada párrafo un símbolo, en el caso de las listas con viñetas, y una numeración en el caso de las listas numeradas.

En la imagen siguiente se muestran las dos listas que aparecen al pulsar estos botones. Aparecen las posibilidades entre las cuales podemos elegir la que más nos interese, y en la parte inferior la opción **Numeración y viñetas**, donde se mostrará un cuadro de diálogo más detallado con más propiedades para esta opción.

Para utilizar cualquiera de los formatos de **Numeración y viñetas** que se muestran, previamente seleccionamos el texto al cual le vamos a dar dicho formato.

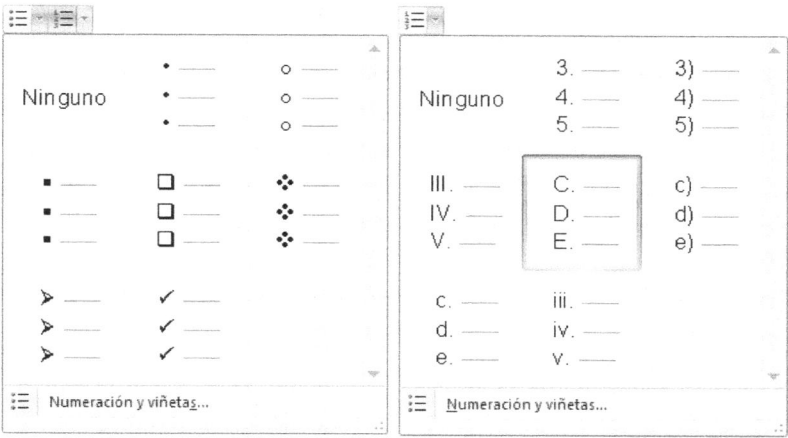

5.4.2 IMÁGENES

Para insertar una imagen, podemos hacerlo de dos formas:

1. Elegir uno de los diseños que ya incorporan este tipo de objetos (como hicimos en el ejemplo).

2. Insertarlo desde la cinta de opciones.

La primera posibilidad la llevaríamos a cabo pulsando, en la nueva diapositiva, sobre el icono para insertar una imagen desde archivo o sobre el icono para insertar una imagen prediseñada.

Para la segunda, nos situamos en cualquier diapositiva, incluso en una en blanco, y en la ficha **Insertar**, dentro del grupo **Imágenes**, los dos primeros botones, son para insertar una imagen desde archivo o una imagen prediseñada. En el cuadro de diálogo que se muestra, simplemente habrá que elegir la imagen que queremos insertar.

Una vez que tenemos la imagen en la diapositiva, podemos modificar su tamaño y posición como ya hemos comentado para los cuadros de texto.

Además, aparecerá una nueva ficha llamada **Formato**, que nos ofrece una serie de opciones para modificar el aspecto de la imagen insertada.

Siempre que vayamos a cambiar alguna propiedad de la imagen, ésta tiene que estar seleccionada, de lo contrario, la ficha **Formato** no estará visible.

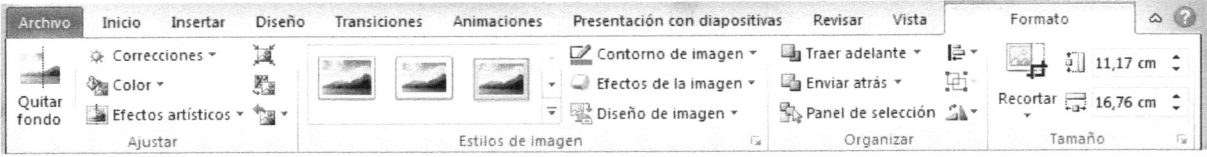

5.4.3 EJERCICIO PRÁCTICO

Modificamos el ejercicio anterior, el archivo *Práctica1.pptx*, para que quede similar al modelo.

- **1.ª diapositiva**. Creamos un nuevo cuadro de texto y escribimos *CINE CINE…*. Le damos las características necesarias al texto para que quede similar al modelo. Estableceremos las características de texto y color para todos los cuadros de texto.

- **2.ª diapositiva**. Aplicamos uno de los estilos rápidos al cuadro de texto correspondiente al título. También modificamos el tamaño del cuadro de texto que contiene las viñetas y lo situamos hacia la derecha, le aplicamos una línea de contorno y sombra. Cambiaremos el símbolo de viñetas por otro de los que se muestran en la lista.

- **3.ª diapositiva**. Colocamos la imagen a la derecha y modificamos su tamaño. Situamos el cuadro de texto a la izquierda. A éste último, le cambiamos el tipo de letra y le aplicamos el efecto Reflexión.

- **4ª diapositiva**. Insertamos una nueva diapositiva **En blanco**. En ella, insertamos dos imágenes y dos cuadros de texto. Le damos formato a todos estos objetos para que quede similar a la del modelo.

Guardamos la presentación.

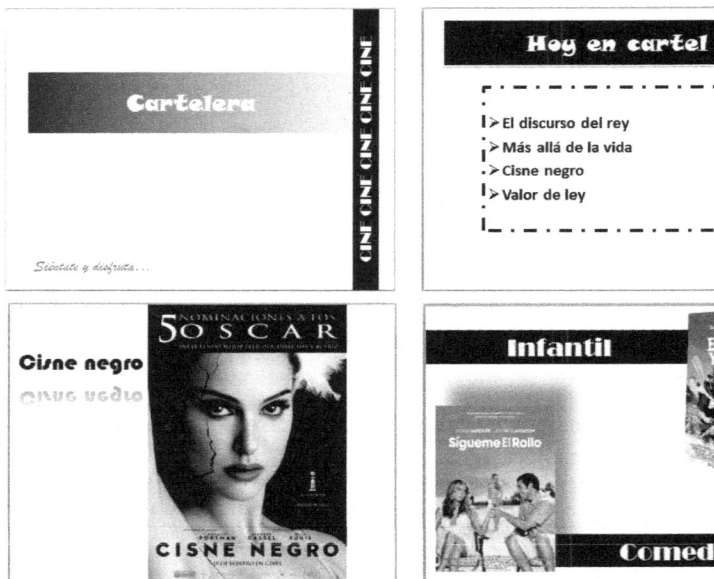

5.5 TABLAS

Las tablas están constituidas por filas y columnas que crean una cuadrícula que nos permite organizar fácilmente la información.

5.5.1 INSERTAR TABLA

Igual que otros muchos elementos, podemos insertar una tabla de dos formas diferentes:

1. Hacemos clic en el botón correspondiente a las tablas que incorporan algunos diseños de diapositivas.

    En este caso sale un cuadro de diálogo como el siguiente donde estableceremos el número de filas y columnas que llevará nuestra tabla.

2. En la ficha **Insertar**, pulsamos en el primer botón que se muestra. Se despliega una cuadrícula donde elegimos el número de filas y columnas que tendrá nuestra tabla; al elegirlo se inserta en la diapositiva.

En cualquiera de los dos casos nos quedará una tabla similar a esta, con el número de filas y columnas elegido.

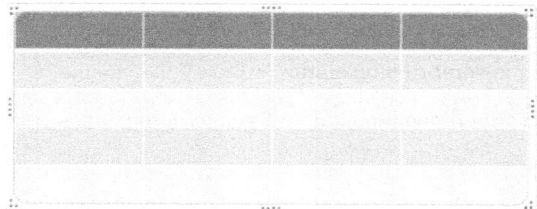

5.5.2 TAMAÑO Y POSICIÓN

A través de los puntos que aparecen en los laterales podemos cambiar el tamaño de la tabla. Para hacerlo nos situamos sobre ellos y cuando el cursor se muestre como una flecha de doble dirección, arrastramos hacia dentro para hacerla más pequeña y hacia fuera para hacerla más grande.

Si lo que pretendemos es desplazar la tabla, sin cambiar su tamaño, nos situamos también en los laterales de esta, y cuando el cursor adopte forma de flecha con cuatro direcciones pulsamos y arrastramos para mover la tabla.

5.5.3 FORMATO Y DISEÑO DE LA TABLA

En una tabla se puede modificar muy fácilmente la anchura de las columnas y la altura de las filas.

Solamente tenemos que situar el cursor en la línea que divide una columna de otra, o una fila de la siguiente, y cuando el cursor se muestra como una flecha de doble dirección arrastramos hacia la derecha o la izquierda en el caso de las columnas, o hacia arriba o abajo en el caso de las filas.

En la tabla insertamos la información que deseamos representar y le daremos el formato adecuado, como si fuera texto normal, seleccionándolo y aplicando las características oportunas.

Con respecto al diseño de la tabla tenemos una ficha donde van a estar recogidas todas las opciones de este tipo.

La ficha se llama **Diseño** y con los dos primeros grupos de opciones podemos cambiar el estilo completo de la tabla e indicarle a que parte de ésta se aplicarán.

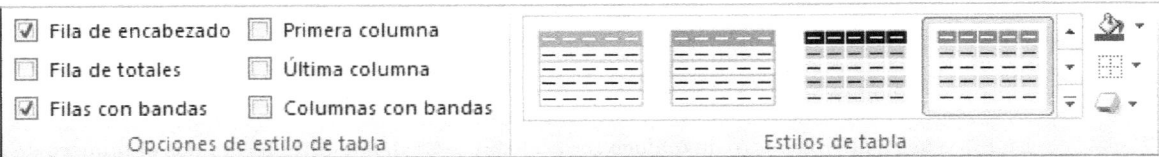

En el desplegable **Estilos de tabla** seleccionamos el estilo que deseamos darle a la tabla y a la derecha podemos elegir, dentro del estilo seleccionado, a qué partes de la tabla queremos que se aplique. Para ello activamos o desactivamos las casillas que aparecen en **Opciones de estilo de tabla**.

Además, a la derecha tenemos tres botones para cambiar:

- Color de fondo .
- Modificar los bordes de la tabla .
- Aplicar efectos especiales, como sombra o biselado .

Con respecto a los bordes de la tabla disponemos de un grupo de opciones completo para modificarlos, dentro de esta misma ficha **Diseño**.

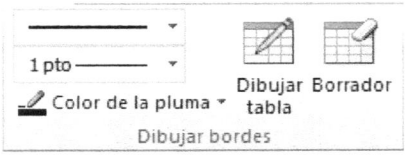

Con este conjunto de opciones vamos a poder dibujar sobre la tabla con el ratón. Pulsamos en el botón **Dibujar tabla**. Esto convierte el puntero del ratón en un lápiz. A continuación elegimos el *Tipo de línea* que vamos a utilizar, el *Grosor* y el *Color* pulsando en los desplegables de este grupo de opciones. Ahora estamos listos para dibujar sobre la tabla.

Iremos arrastrando el cursor del ratón (ahora un lápiz) por los contornos que queramos modificar. Este lápiz también nos sirve para dibujar nuevas líneas, por ejemplo para crear una nueva columna.

Y por último, y también en la ficha **Diseño**, a través del grupo **Estilos de WordArt**, vamos a poder aplicar efectos al texto escrito en la tabla.

5.5.4 INSERTAR Y ELIMINAR FILAS O COLUMNAS

Para llevar a cabo estas operaciones nos vamos a situar en la ficha **Presentación**, en el grupo de opciones **Filas y columnas**.

Cuando queremos eliminar filas o columnas de la tabla, previamente debemos seleccionarlas. Una vez hecho esto, pulsamos en el botón **Eliminar** donde se despliega un menú para elegir filas o columnas, lo que corresponda.

Si lo que queremos es insertar, en el caso de las filas, tendremos que situar nuestro cursor en una fila situada por encima o por debajo del lugar donde queremos ubicar la nueva fila. Posteriormente, pulsamos en los botones **Insertar arriba o Insertar debajo**, dependiendo del sitio donde vayamos a ubicar la nueva fila.

En el caso de las columnas tenemos la posibilidad de ubicarla a la izquierda o la derecha del lugar donde está situado el cursor.

5.5.5 COMBINAR Y DIVIDIR CELDAS

En la ficha **Presentación**, encontramos el grupo de opciones **Combinar**.

Combinar significa unir, en este caso, unir varias celdas para que se conviertan en una sola. Se suele utilizar en los títulos de las tablas, en la primera fila.

Para lograrlo seleccionamos todas las celdas de la primera fila y posteriormente pulsamos en **Combinar celdas**. De esta forma toda la primera fila sería una sola celda.

En cambio la opción **dividir** nos permite dividir una celda en filas y columnas. Nos situamos en la celda a dividir y pulsamos el botón **Dividir celdas**, se mostrará un cuadro de diálogo para indicar número de filas y columnas y pulsamos en **Aceptar**.

5.5.6 TAMAÑO Y ALINEACIÓN

También en la ficha **Presentación** encontramos varios grupos de opciones para cambiar estos parámetros.

En este grupo de opciones que se muestra en la imagen anterior, disponemos de todas las herramientas para alinear el texto de las celdas. Los primeros tres botones corresponden a la **Alineación horizontal**, es decir, si el texto estará colocado a la izquierda de la celda, en el centro o a la derecha. Y los tres botones que aparecen debajo, son los correspondientes a la **Alineación vertical**, para situar el texto en la parte superior de la celda, inferior o en el centro.

El botón **Dirección del texto** nos permite voltear el texto hacia la derecha o la izquierda.

Y por último, **Márgenes de celda** nos muestra un cuadro de diálogo para cambiar los márgenes internos de cada celda.

Otros dos grupos de opciones de esta misma ficha nos ofrecen características de tamaño de celdas y tabla.

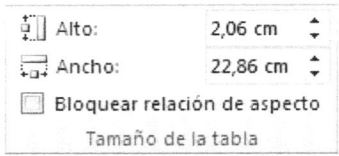

La opción **Distribuir filas**, nos permite redistribuir el espacio de forma uniforme para todas las filas seleccionadas. Con la opción **Distribuir columnas** haremos exactamente lo mismo pero para un conjunto de columnas seleccionadas.

Las otras dos casillas son para establecer altura y anchura de una celda.

En el grupo de opciones **Tamaño de tabla** tenemos las casillas para indicar, en centímetros. El alto y ancho de la tabla completa. Ya vimos en un punto anterior cómo podemos modificar las dimensiones de la tabla directamente con el ratón.

5.5.7 EJERCICIO PRÁCTICO

Continuamos con el archivo *Práctica1.pptx*. Vamos a insertar una nueva diapositiva, será la quinta.

Elegimos la plantilla **Título y objetos**. Ponemos el título e insertamos una tabla y le damos las características que creamos convenientes para que quede similar a la imagen siguiente.

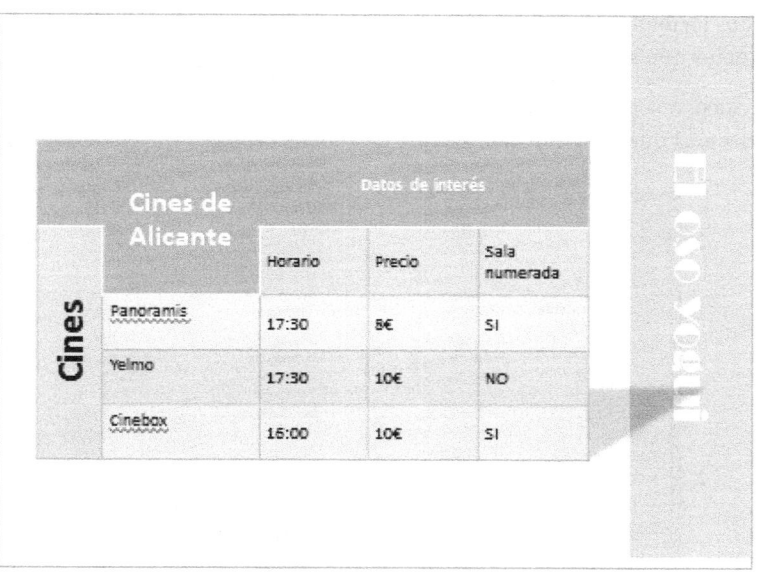

5.6 GRÁFICOS

Cuando queremos insertar un gráfico en **PowerPoint**, al igual que con los otros elementos, disponemos de dos formas:

    1.   Utilizar una diapositiva con un diseño que ya incorpore ese elemento.

    2.   Insertarlo desde la cinta de opciones.

Está situado en el grupo de opciones **Ilustraciones**, en la ficha **Insertar**.

De cualquiera de las dos formas, al pulsarlo nos aparecerá una ventana con todos los tipos de gráficos, distribuidos por categorías donde tenemos que seleccionar el que mejor se adapte a la información que vamos a representar en él.

Una vez elegido el gráfico, nos aparecerá la hoja de datos con los datos de ejemplo que están incorporados. Estos datos de ejemplo los tendremos que sustituir por los que deseamos representar en el nuevo gráfico.

En la diapositiva se visualizará el gráfico elegido, y a medida que vayamos cambiando los datos, estos cambios se reflejarán en la diapositiva.

Una vez que el grafico esta insertado podemos modificarlos exactamente igual que lo hacemos en **Excel**. Con las mismas opciones.

5.7 OTRAS HERRAMIENTAS

5.7.1 ORGANIGRAMAS

Un organigrama es un elemento que nos permite dibujar estructuras de objetos, en algunos modelos con organización jerárquica. La opción que vamos a utilizar se llama **SmartArt**.

Al igual que el resto de los elementos vistos, se puede insertar:

    1.   Desde una diapositiva con un diseño que incorpore este objeto.

2. Desde una diapositiva en blanco, pulsando en la ficha **Insertar**, en el grupo **Ilustraciones**, botón **SmartArt**.

Al pulsar en esta opción se muestra un cuadro de diálogo para poder elegir el tipo de organigrama que deseamos utilizar. En la parte izquierda aparecen las categorías existentes de organigramas; si pulsamos en cada una de estas categorías se muestran los diferentes organigramas incluidos en cada una de ellas.

Una vez elegido el organigrama que vamos a utilizar pulsamos en **Aceptar** y se mostrará en la diapositiva el modelo seleccionado.

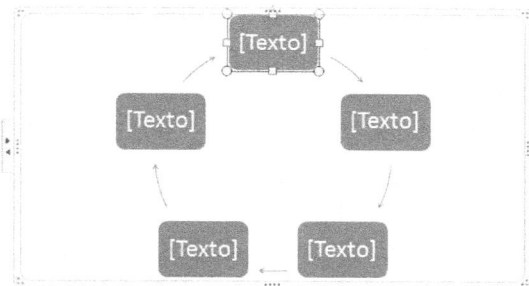

5.7.1.1 Dar formato al organigrama

En cada una de las formas que componen el organigrama, en su interior, se visualizan unos corchetes con **Texto**. Es ahí donde insertaremos el texto que deseamos incluir en el organigrama.

El texto que va en el interior de estas autoformas, le podemos dar formato igual que si fuera texto normal, seleccionándolo previamente.

Se muestran también dos nuevas fichas: **Diseño** y **Formato**, con todas las herramientas necesarias para hacer modificaciones sobre el aspecto del organigrama.

En la ficha **Diseño**, el primer botón que aparece en el grupo de opciones, **Agregar forma**, nos va a servir para insertar nuevos elementos dentro del organigrama.

Al pulsar en **Agregar forma** se despliega un menú donde podemos elegir la posición de la nueva forma. Dependiendo del tipo de organigrama elegido se activarán unas opciones u otras.

El botón **De derecha a izquierda**, nos permite cambiar la orientación del organigrama. Por ejemplo, en el organigrama que hemos elegido para el ejemplo, las flechas que hay entre los rectángulos están en el sentido de las agujas del reloj, si pulsamos este botón quedarán en sentido inverso.

Y a través del botón **Diseño** podemos cambiar la disposición de los elementos del organigrama. Esta opción sólo estará disponible para los organigramas de la categoría **Jerarquía**, ya que son los elementos dependientes a los que se les puede dar un diseño diferente.

Dentro de esta misma ficha, **Diseño**, encontramos el grupo de opciones **Diseños**, donde vamos a poder elegir otro diseño de organigrama diferente, dentro de la misma familia del organigrama seleccionado.

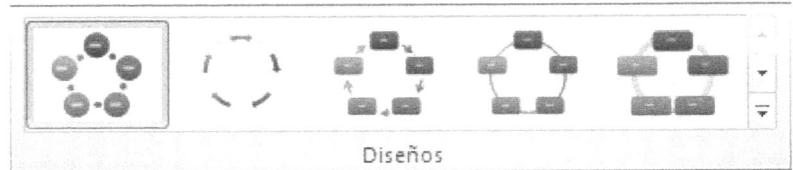

Y en el grupo **Estilos SmartArt** podemos variar el estilo de éste.

Hemos comentado al principio, que también disponemos de la ficha **Formato** para cambiar el aspecto del organigrama.

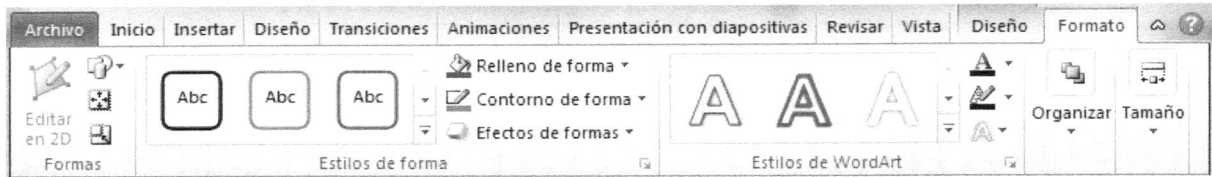

En esta ficha el primer grupo de opciones se llama **Formas**.

Nos va a dar la posibilidad de cambiar las formas de los elementos que forman el organigrama. Por ejemplo, si nuestro organigrama está formado por rectángulos, podemos cambiarlo por triángulos.

Solamente seleccionamos el rectángulo o rectángulos a modificar y pulsamos en el botón **Cambiar formas**, donde se desplegarán todas las autoformas que podemos seleccionar. Elegimos la que vayamos a usar. Y con los botones **Mayor** y **Menor** podemos ir modificando su tamaño.

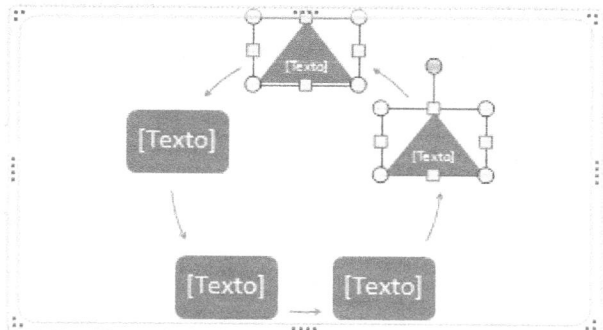

A través del grupo de opciones **Estilos de forma** podemos cambiar las características de la autoforma del organigrama, como puede ser el color de fondo, el contorno, etc.

Y con el siguiente grupo, **Estilos de WordArt**, cambiaremos el aspecto del texto escrito en el interior de la autoforma.

5.7.2 DIBUJAR

En **PowerPoint**, muchas veces vamos a necesitar dibujar elementos que no están incluidos en ninguno de los diseños predeterminados que nos ofrece este programa.

Para poder dibujar nos tenemos que situar en la ficha **Inicio** y allí encontramos un grupo llamado **Dibujo**.

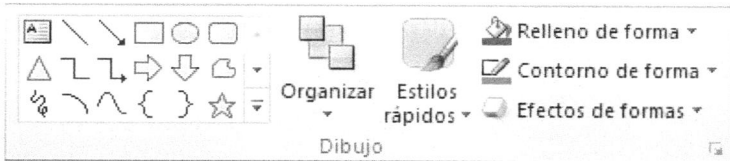

Dentro de este grupo están todas las autoformas que podemos dibujar y algunas opciones para su colocación y su aspecto.

Para dibujar cualquiera de las formas sólo hay que seleccionarla y en la diapositiva arrastrar el ratón desde el punto donde queremos que comience hasta donde queremos que termine.

En general todas las autoformas se dibujan igual, excepto las líneas curvas, en las que al hacer clic con el ratón vamos definiendo los diferentes puntos que crean la curva y para terminar la línea tenemos que pulsar doble clic.

5.7.2.1 Modificaciones con el ratón

Cuando dibujamos una autoforma se muestran los puntos de selección, a través de los cuales, ya hemos visto, podemos cambiar el tamaño del dibujo.

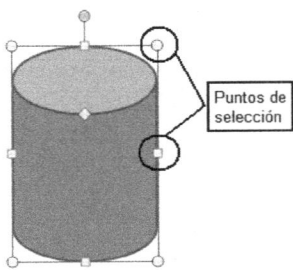

Además, en muchas de las autoformas, aparece un rombo amarillo. Arrastrándolo podemos cambiar la forma de la figura dibujada. En algunos objetos aparecerá más de un rombo amarillo. En el caso del ejemplo, podemos arrastrar el rombo hacia abajo o arriba para hacer más grande o más pequeña la base.

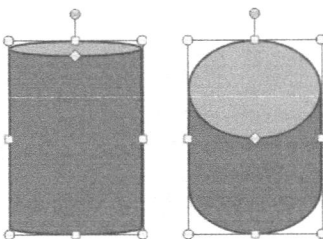

Y el punto verde, que nos sirve para girar la forma.

Las líneas son también conectores, lo que quiere decir es que pueden conectar dos formas y aunque movamos estas formas la línea se adaptaría para que siguieran conectadas.

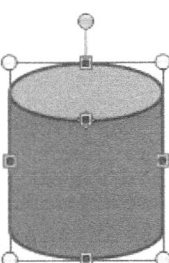

Cuando vamos a dibujar una línea y nos acercamos con el cursor a una de las formas dibujadas aparecen estos puntos rojos. Si dibujamos la línea desde uno de ellos, actuará como conector.

Podemos escribir en el interior de cualquier forma, para ello pulsamos sobre la forma con el botón derecho del ratón y elegimos la opción **Modificar texto**. Aparecerá entonces el cursor en el centro de la forma para poder insertar el texto.

5.7.2.2 Cambiar el formato

Las opciones para cambiar el aspecto de las formas se encuentran en la ficha **Formato**, en el grupo de opciones **Estilos de forma**.

Para cambiar el formato, disponemos de los estilos rápidos que se mostrarán pulsando en el desplegable. Previamente tenemos que seleccionar la forma que queremos cambiar.

Si lo que queremos es cambiar *color de fondo*, *contorno*, y *efectos de forma* independiente utilizamos los botones que están a la derecha.

Para cambiar las características del texto que hay en el interior de la autoforma, podemos utilizar las opciones normales, recogidas en la ficha **Inicio**, grupo de opciones **Fuente**, o en el grupo de opciones **Estilos de WordArt** de la ficha **Formato**.

<hr>

5.7.3 EJERCICIO PRÁCTICO

Crear una nueva presentación. La guardaremos con el nombre *Práctica2.pptx*.

- **1.ª diapositiva**. Elegimos en la ficha **Diseño** el tema que más nos guste.

  Rellenamos los dos cuadros de texto:

  – En el primero escribimos: *Trabajos con PowerPoint*

  – En el segundo escribimos: *Creando gráficos*.

- **2.ª diapositiva**. Insertamos un gráfico y le damos las características que creamos convenientes para que la diapositiva se parezca a la de la imagen correspondiente a la presentación que tenemos a continuación.

- **3.ª diapositiva**. Insertamos un organigrama y le damos el formato adecuado para que quede parecido al del modelo.

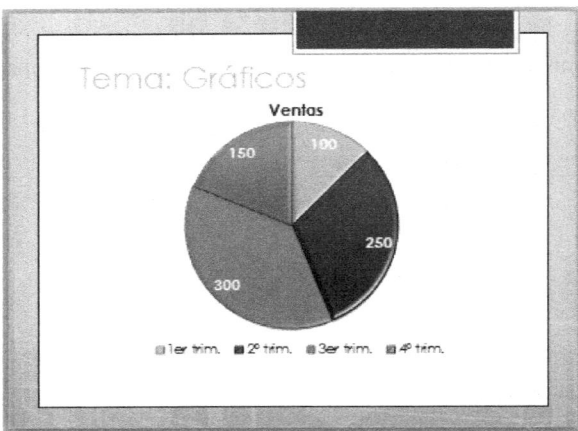

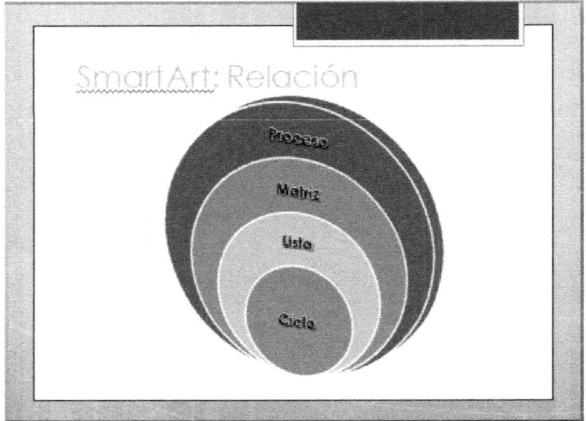

5.8 HERRAMIENTAS AVANZADAS

5.8.1 MULTIMEDIA

En las diapositivas podemos incluir sonidos y películas. Estas opciones multimedia las encontramos en la ficha **Insertar** en un grupo de opciones llamado **Multimedia**.

5.8.1.1 Audio

Para asociar un sonido a una diapositiva, nos situamos en ella, y pulsamos en el botón **Audio**.

Se despliega un menú en el que elegimos de dónde vamos a extraer el sonido que queremos insertar.

- ■ **Audio de archivo**: En este caso se despliega un cuadro de diálogo similar al de **Abrir**, para buscar el archivo que contiene el sonido que vamos a insertar.

- ■ **Audio de imágenes prediseñadas**: Se muestra en la parte derecha de la pantalla la galería de Office para buscar un sonido contenido en dicha galería.

En cualquier caso, al insertar el sonido, en la diapositiva se visualizará un icono como el siguiente que colocaremos en cualquier punto de la diapositiva, incluso en un lugar que no se vea.

5.8.1.2 Vídeo

Insertar una película es muy parecido a insertar una imagen,

Pulsamos sobre el botón **Vídeo** y elegimos si queremos obtenerla desde *Archivo* o de *Imágenes prediseñadas*.

Una vez insertada en la diapositiva disponemos de los puntos de selección para modificar su tamaño o cambiarla de sitio.

Cuando visualizamos nuestro trabajo en modo **Presentación** es cuando vemos cómo se reproduce la película.

5.8.2 ANIMACIÓN Y TRANSICIÓN

5.8.2.1 Animar elementos de la diapositiva

A través de la animación podemos dar movimiento a los objetos y elementos que forman la diapositiva haciendo así más interesante y atractiva la presentación.

Para dar un efecto de animación a un elemento:

1. Seleccionamos el objeto.

2. Pulsamos en **Agregar animación**, desde la ficha **Animaciones** y dentro del grupo con el mismo nombre.

Al pulsarlo se despliega un listado con los diferentes tipos de animación y efectos. Simplemente pasando el cursor por encima de estos efectos podemos previsualizarlos.

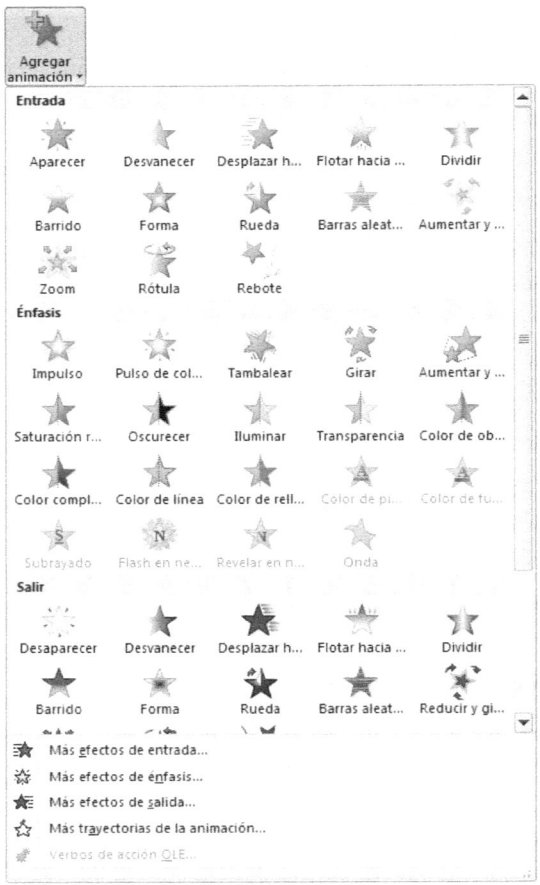

Elegimos uno de ellos o bien, en la parte inferior del menú pulsamos en las opciones Más efectos…Se desplegará entonces un cuadro de diálogo con todos los efectos a aplicar.

3.   Elegimos el efecto deseado, lo seleccionamos y pulsamos en **Aceptar**.

Una vez que hemos elegido el efecto de animación, se activan algunas de las herramientas incluidas en esta ficha para poder aplicar características a este efecto.

■   Con el botón **Opciones de efectos**, situado en el grupo **Animación**, vamos a poder variar el efecto seleccionado. Por ejemplo, si elegimos el efecto *barrido*, a través de las opciones podremos elegir la dirección en la que se realiza.

■   También encontramos en esta misma ficha el grupo de opciones **Intervalos**, donde podremos establecer si la animación se realizará de forma manual o automática, la duración y el orden que llevará con respecto al resto de animaciones de la misma diapositiva.

■   Para quitar un efecto seleccionamos el elemento al cual está asociado y en el grupo de opciones **Animación**, la primera animación que se muestra es la llamada *Ninguna*, lo pulsamos y desaparece el efecto asociado

5.8.2.2 Transición

Transición es el paso de una diapositiva a otra.

En esta ocasión también disponemos de una ficha que agrupa todas las características que tienen que ver con la transición de diapositivas. Se llama **Transiciones**.

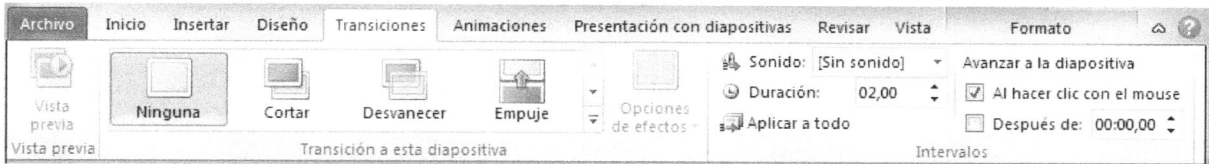

Es en esta ficha donde vamos a poder establecer todas las características del paso de una diapositiva a otra.

En el grupo de opciones **Transición a esta diapositiva** encontramos un desplegable donde se visualizarán todos los efectos disponibles. Simplemente habrá que elegir el efecto que deseamos usar para pasar de una diapositiva a otra.

Al igual que para las animaciones, tenemos un botón llamado **Opciones de efectos** que nos va a permitir elegir, dentro del efecto seleccionado algunas características.

En esta misma ficha encontramos también el grupo de opciones **Intervalos** que nos proporciona las herramientas para aplicar sonido a la transición, elegir la duración y seleccionar si se realizará de forma automática o manual.

Si el efecto elegido, lo queremos utilizar en toda la presentación, es decir, como transición en todas las diapositivas que tenga la presentación, pulsamos en el botón **Aplicar a todo**, incluido en este mismo grupo de opciones.

5.8.2.3 Intervalos

En la ficha **Transiciones**, también en el grupo **Intervalos**, tenemos una sección llamada **Avanzar a la diapositiva**, donde le indicaremos si para pasar de una diapositiva a la siguiente hay de hacer clic con el ratón o bien indicar un tiempo de transición (1 minuto, 00:50 segundos, etc.) para que se ejecute automáticamente.

....

5.8.3 **EJERCICIO PRÁCTICO**

Abrimos la presentación *Práctica2. Pptx*. Nos situamos en la primera diapositiva y dibujamos una *Nube*. En su interior escribimos *Última presentación* y le damos el formato adecuado para que se parezca a la imagen siguiente. Aplicamos también un efecto de animación: *Rebote*.

Y por último aplicamos a todas las diapositivas de la presentación un efecto de transición: *Reloj*. Una vez elegido el efecto de transición pulsamos en el botón **Aplicar a todo** para que tenga efecto para todas las diapositivas.

5.9 OTROS PROGRAMAS PARA REALIZAR PRESENTACIONES

El programa que vamos a ver en este apartado, como en los anteriores, pertenece a la suite *OpenOffice.org*, de distribución libre. Es la aplicación creada para desarrollar presentaciones y se llama **Impress**.

Cuando abrimos el programa, de forma automática se abre un asistente que nos guía en la creación de la presentación, y donde podremos elegir si deseamos partir de diapositivas en blanco o plantillas. También nos da la posibilidad de elegir un fondo y una transición para la presentación.

Una vez elegidas estas opciones se genera la presentación y el entorno es similar al que se muestra en la siguiente figura:

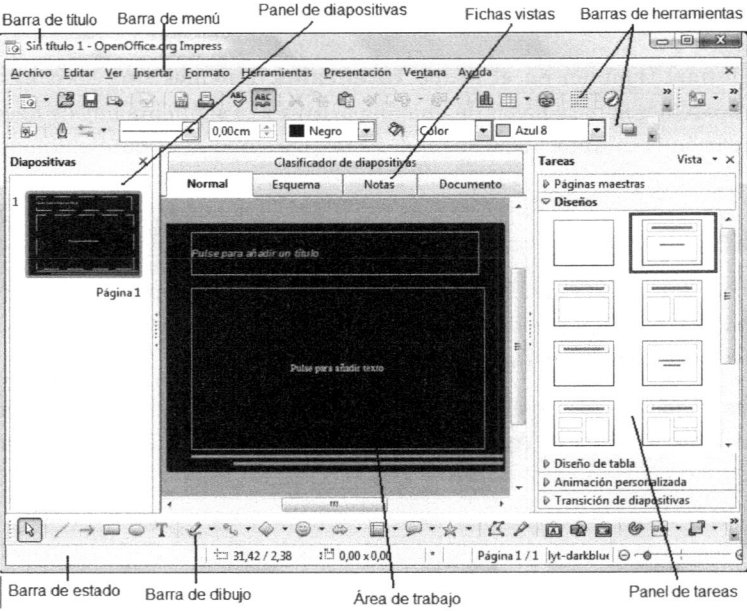

■ **Panel de diapositivas**. En la parte izquierda de la ventana se muestra este panel, que nos muestra las diapositivas de la presentación en miniatura.

■ **Panel de tareas**: A través de este panel, podemos acceder a los **Diseños** de diapositivas, es decir, donde elegimos el patrón de diapositiva con los elementos que vamos a utilizar. También podemos elegir desde **Páginas maestras** el diseño de la presentación, es decir, el fondo y elementos que la van a componer. Desde el área **Diseño de tabla** podemos seleccionar, el formato para las tablas que insertamos en la presentación. También disponemos de las áreas de **Animación personalizada** y **Transición de diapositivas**, donde podemos establecer animación para los elementos de las diapositivas y efectos de transición para el paso de otra.

■ **Área de trabajo**: es la diapositiva sobre la que estamos trabajando, donde insertaremos todos los elementos que la compongan y donde iremos viendo los cambios realizados.

■ **Barra de dibujo**: aunque esta barra está disponible en todas las aplicaciones (pulsando en Ver/Barras de herramientas), en Impress ya aparece activada, ya que se compone de utilidades que se utilizan con mucha frecuencia.

■ **Fichas Vistas**: con estas fichas podemos visualizar la presentación en modo **Normal**, que es el modo en el que nos permite trabajar, modo **Esquema**, para ver un esquema de la presentación, **Clasificador de diapositivas**, que nos muestra la presentación en miniaturas, **Notas**, desde donde podremos visualizar y escribir las notas para cada diapositiva y **Documento**, desde donde vemos una vista previa de la impresión.

Con respecto al funcionamiento de la aplicación es muy similar a **PowerPoint**, si bien, igual que las aplicaciones anteriores, el entorno es más parecido a la versión anterior, la versión 2003.

TEST DE CONOCIMIENTOS

1 ¿Dónde encontramos la opción para incluir en la presentación una nueva diapositiva?

   a) Ficha **Insertar**.

   b) Ficha **Inicio**.

   c) Ficha **Programador**.

2 Si queremos que un elemento aparezca en la diapositiva con un determinado efecto de animación al mostrarse dicha diapositiva, ¿Cómo tipo de efecto tendremos que seleccionar?

   a) De entrada

   b) De salida

   c) De énfasis

3 ¿Se puede aplicar un sonido a un efecto de animación?

   a) Sí

   b) No

4 ¿Cómo insertamos una imagen en la diapositiva?

   a) En la ficha **Insertar/Imagen**.

   b) A través de la plantilla de diseño, pulsando sobre el icono de imagen.

   c) De las dos formas anteriores.

5 ¿Cómo añadimos el número de diapositiva?

   a) En la ficha **Diseño**, grupo **configurar página**.

   b) En la ficha **Insertar**, grupo **Texto**.

6 Cuando insertamos un gráfico, ¿podemos darle las mismas opciones que a un gráfico de **Excel**?

   a) Sí, ya que se abre una ventana a **Excel**.

   b) No, es muy parecido, pero tiene menos opciones.

7 ¿Cómo podemos aplicar el efecto reflexión a un texto?

   a) En la ficha **Formato/Efectos** de **WordArt**.

   b) En la ficha **Inicio/cambiar estilos**.

   c) En la ficha **Insertar/Wordart**.

6

PRESENTACIÓN Y EXTRACCIÓN DE INFORMACIÓN EN BASES DE DATOS

Seguro que muchas veces habrá pensado en cómo tratar sus datos. Toda esa información que tiene dispersa, cómo ordenarla y gestionarla. La herramienta de Office que se encarga del tratamiento y explotación de los datos es **Access**. Al final de este apartado se sorprenderá de lo fácil que se realizan las operaciones con datos con la ayuda de esta herramienta.

6.1 CONCEPTOS BÁSICOS

Los elementos fundamentales que forman una base de datos son:

- **Tablas**: Son el elemento fundamental de una base de datos. En ellas se almacena la información, los datos. Una base de datos puede constar de una sola tabla, pero lo habitual es que tenga más de una. Por ejemplo, en una base de datos de un colegio, tendremos una tabla con los datos de los alumnos, otra tabla con los datos de profesores, otra con los datos de las clases, etc.

- **Consultas**: Son filtros que hacemos sobre la base de datos. Podemos extraer la información de una sola tabla o de varias de ellas. Además, las consultas se pueden guardar, con lo cual, podemos reutilizarlas.

- **Formularios**: Pantallas de entrada y visualización de datos. Aunque realmente los datos se pueden introducir, modificar y eliminar directamente a través de las tablas, generalmente se utilizan los formularios, que además nos muestran la tabla de una forma más atractiva.

- **Informes**: Es un elemento destinado a la impresora. Nos proporcionará diversas herramientas para tratar e imprimir la información.

Como cualquier otro programa del paquete, disponemos de varias formas de acceder a él.

1. Pulsamos en el menú **Inicio** de la Barra de tareas, pulsamos en **Todos los programas** y en **Microsoft Office**, y buscamos el icono de **Microsoft Access 2010**.

2. Pulsando en el icono de acceso directo que tendremos en el escritorio.

3. En la barra de inicio rápido.

6.1.1 ENTORNO

Cuando abrimos el programa la primera pantalla que nos aparece es la siguiente:

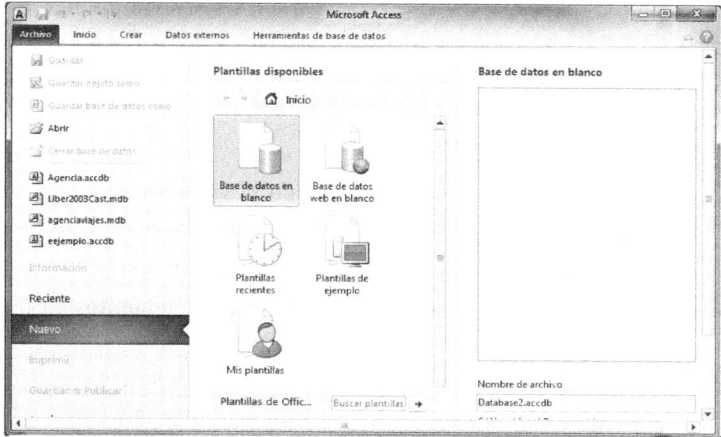

En esta pantalla elegimos como vamos a comenzar: con una base de datos en blanco, es decir, para crear nosotros todos los elementos que la componen, o bien utilizar alguna de las plantillas de las que disponemos.

Las plantillas son ejemplos de bases de datos que tienen ya creados ciertos elementos.

En nuestro caso elegimos **Base de datos en blanco** y en la parte inferior derecha escribimos el nombre que le vamos a dar al archivo de base de datos. Posteriormente pulsamos en el botón **Crear** (en el punto siguiente repetiremos este proceso para crear una nueva base de datos).

Se crea una nueva base de datos y la pantalla que se muestra es la siguiente:

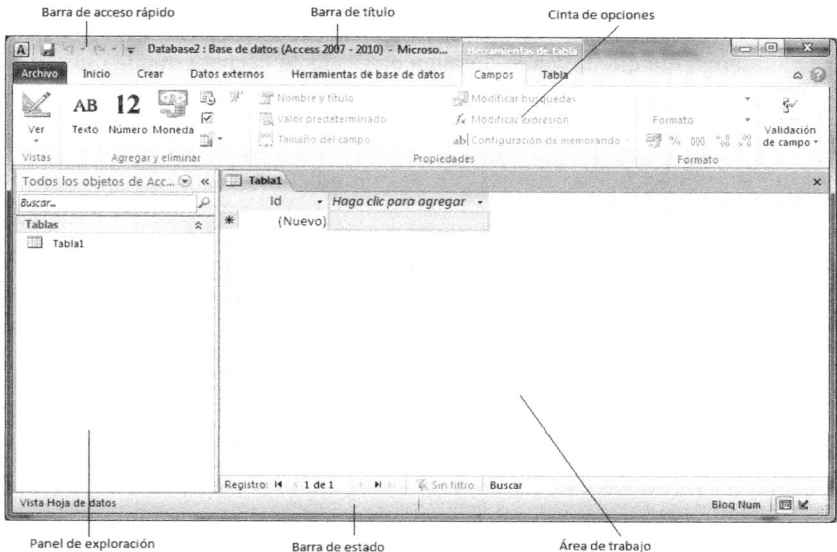

Vamos a ver, en esta pantalla principal de **Access**, algunos de los elementos con los que vamos a trabajar:

■ **Barra de título**. Es la barra que se encuentra en la parte superior de la ventana. En ella se muestra el nombre de la base de datos con la que estamos trabajando:

■ **Cinta de opciones**. Debajo tenemos la **Cinta de opciones**. Está dividida en diferentes **Fichas** (cada ficha es cada una de las pestañas que aparecen en la parte superior), y además los botones correspondientes a cada ficha están organizados en **Grupos**, donde cada uno de ellos realiza una acción diferente. Si vamos pasando el cursor por encima de estos botones se irá mostrando una etiqueta que nos indica la función que realiza cada uno de ellos.

■ Si vamos pulsando en las diferentes fichas que aparecen en la parte superior de la cinta de opciones, **Inicio**, **Insertar**, **Diseño de página**, etc., podremos ir visualizando los diferentes grupos de botones.

■ **Panel de exploración**. Se muestra en la parte izquierda de la base de datos y va a reflejar todos los elementos que la componen. A través de este panel, podemos acceder a dichos elementos y también organizarlos en base a diferentes criterios.

■ **Barra de estado**. Es la barra que aparece en la parte inferior de la ventana que nos dará información sobre el archivo en uso.

6.2 CREACIÓN DE UNA BASE DE DATOS

Una vez que hemos abierto el programa, en la pantalla inicial elegimos **Base de datos en blanco** (*ver punto 6.1.1.*). Al elegir esta opción, **Base de datos en blanco**, en la parte derecha del cuadro de diálogo se visualizan las casillas donde tenemos que incluir la información para poder guardar el archivo.

En la casilla **Nombre de archivo** ponemos el nombre que le vamos a dar a la base de datos, nosotros pondremos Agencia de Viajes, ya que así se va a llamar el archivo de base de datos que vamos a desarrollar a lo largo del capítulo.

Y pulsando en la carpeta amarilla que hay a la derecha elegimos la carpeta donde queremos guardar dicha base de datos. Una vez que tenemos todo esto pulsamos en el botón **Crear**.

Se crea la nueva base de datos, y por defecto se crea también una nueva tabla para comenzar a trabajar.

6.2.1   ABRIR UNA BASE DE DATOS

Para abrir una base de datos previamente guardada pulsamos en la ficha **Archivo** y elegimos la opción **Abrir**. Se visualizará un cuadro de diálogo donde tenemos que buscar el archivo que queremos abrir. Una vez localizado, simplemente hacemos doble clic sobre su nombre.

6.2.2   CERRAR UNA BASE DE DATOS

Cuando no vamos a seguir usando el documento pulsamos en la ficha **Archivo** y elegimos la opción **Cerrar base de datos**. También podemos pulsar en el botón ⊠ de la ventana de base de datos.

6.2.3   GUARDAR UNA BASE DE DATOS

En realidad ya hemos visto como se guarda la base de datos en el punto 6.2. Cuando creamos una base de datos los primero que nos pide **Access** es que la guardemos, para crear la estructura en la que vamos a trabajar.

6.3   CREACIÓN DE TABLAS

Anteriormente hemos comentado, que las tablas son el elemento fundamental de las bases de datos, ya que en ellas se almacena la información.

El resto de elementos de la base de datos se generan en base a las tablas que contiene.

Una tabla es una cuadrícula formada por filas y columnas. A cada columna se le llama *campo* y a cada fila *registro*.

Al crear la nueva base de datos se ha creado, de forma automática, una nueva tabla para comenzar a trabajar. Vamos a utilizarla, será nuestra primera tabla en la base de datos *Agencia de Viajes*. En ella vamos a almacenar los datos de los viajes que tiene esta agencia.

Lo primero que tenemos que hacer es describir los datos que vamos a incluir en él la tabla. Es decir, tenemos que enumerar los campos que va a contener y para cada campo indicar el tipo de datos que se utilizará. Con el tipo de datos nos referimos a los datos que van a ir en cada casilla, si van a ser de tipo número, texto, etc.

La tabla *Viajes* va a tener los siguientes campos:

1. **Código**: Será el código del viaje con tres números y una letra.

2. **Nombre**: La denominación del viaje.

3. **Descripción**: Descripción del viaje.

4. **Precio**: El coste del viaje.

5. **Plazas**: El número de plazas que tiene el viaje.

6. **Fecha salida**: La fecha de comienzo del viaje.

Estos son los datos que vamos a recoger para cada uno de los viajes que venda la agencia.

Nos situamos en la ficha **Inicio**. El primer botón se llama **Ver**, y nos permite visualizar la tabla de diferentes formas:

1. **Vista hoja de datos**: Para ver la tabla como una cuadrícula con sus datos incluidos.

2. **Vista Diseño**: Para poder definir la estructura y características de la tabla.

Vamos a pulsar en **Vista Diseño** para definir la estructura de la tabla *Viajes*. Al pulsar esta opción, nos va a aparecer un cuadro de diálogo para que pongamos el nombre a la tabla y la guardemos; la llamaremos *Viajes*. Hasta ahora, esta tabla se llamaba *Tabla1*, que es el nombre que le da **Access** por defecto hasta que le ponemos el nombre definitivo.

Se muestra entonces la vista diseño de la tabla:

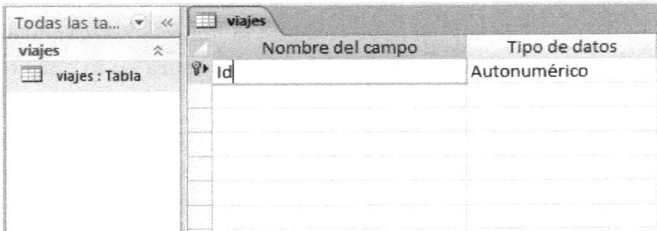

En la primera columna, **Nombre del campo**, es donde vamos a poner el nombre de cada uno de los campos que van a formar nuestra tabla. En la segunda columna, **Tipo de datos**, el tipo de datos que le corresponde a cada campo.

Iremos definiendo nuestra tabla para que quede de la siguiente forma:

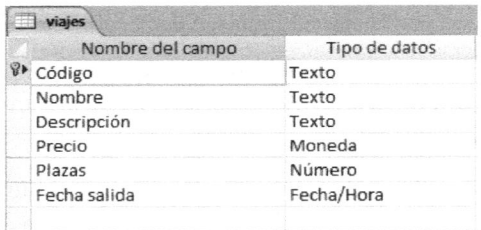

6.3.1 CLAVE PRINCIPAL

Fijémonos, en primer lugar en el campo *Código*. A su izquierda aparece un icono en forma de llave. Esto aparece así por de forma predeterminada. Con este icono estamos indicando que este campo, el campo *Código,* es la **Clave principal** de esta tabla.

¿Qué es una clave principal?

Es un campo o conjunto de campos que identifican de forma única cada registro de la tabla. Es decir, que no se puede repetir.

Por ejemplo, ¿El Precio nos serviría como campo clave para esta tabla? No, porque puede haber varios viajes que tengan el mismo precio, ¿Y la fecha de salida, podría ser clave principal? Tampoco, porque puede haber varios viajes que comiencen el mismo día. ¿Y el código? Este campo sí que va a poder ser la clave principal de la tabla, ya que cada viaje tiene su código, diferente a todos los demás.

Para indicar que un campo es clave para una tabla:

1. Situar el cursor en el campo que vamos a definir como clave principal.

2. Pulsamos en la ficha **Diseño**.

3. Dentro del grupo **Herramientas** pulsamos el botón **Clave principal**. Al pulsarlo el icono se muestra a la izquierda del campo en el que estamos situados. Si ya estaba puesto, como es nuestro caso, al pulsarlo se elimina. Para volver a ponerlo hay que pulsar de nuevo en este botón.

La **Clave principal** de la tabla ordena los datos incluidos en ella por ese campo. Aunque no es obligatorio que una tabla tenga **Clave principal**, sí que es conveniente que exista.

6.3.2 TIPOS DE DATOS

En lo que respecta a los tipos de datos, fijémonos en el ejemplo. Hemos utilizado para los tres primeros campos el tipo de datos *Texto*, y a los siguientes *Moneda*, *Número* y *Fecha/Hora*.

Cuando pulsamos en la casilla **Tipo de datos** se despliega el listado de tipos de datos que podemos utilizar:

- **Texto**: Utilizaremos este tipo de datos cuando queramos almacenar texto o combinaciones de texto y números, así como números que no requieran cálculos, como los números de teléfono. Hasta 255 caracteres como máximo.

- **Memo**: Igual que *Texto* pero con más capacidad, hasta 63.999 caracteres. Lo utilizaremos cuando el campo requiera más de 255 caracteres.

- **Número**: Para datos numéricos con los cuales se pretenda hacer cálculos matemáticos.

- **Moneda**: Para números que incorporen el símbolo de moneda.

- **Fecha/Hora**: Para fechas y horas.

- **Autonumeración**: Número secuencial (incrementado de uno a uno) único, o número aleatorio que **Microsoft Access** asigna cada vez que se agrega un nuevo registro a una tabla.

- **Sí/No**: Campos que contengan uno de entre dos valores (Sí/No, Verdadero/Falso o Activado/desactivado).

- **Objeto OLE**: Datos que provengan de otras aplicaciones, como por ejemplo una hoja de cálculo de **Microsoft Excel**, un documento de **Microsoft Word**, gráficos, sonidos, etc.

- **Hipervínculo**: Texto o combinación de texto y números almacenados como texto y utilizados como dirección de hipervínculo.

- **Datos adjuntos**: Cualquiera de los tipos de archivos admitidos.

6.3.3 PROPIEDADES DE LOS CAMPOS

Cada campo de la tabla tiene sus propiedades. Se muestran en la parte inferior de la ventana. Estas propiedades son diferentes para cada tipo de datos.

General	Búsqueda
Tamaño del campo	255
Formato	
Máscara de entrada	
Título	
Valor predeterminado	
Regla de validación	
Texto de validación	
Requerido	No
Permitir longitud cero	Sí
Indexado	Sí (Sin duplicados)
Compresión Unicode	No
Modo IME	Sin Controles
Modo de oraciones IME	Nada
Etiquetas inteligentes	

Las propiedades de la pestaña general pueden cambiar para cada tipo de dato, mientras que las de búsqueda cambiarán para cada tipo de control asociado al campo. Veamos las más importantes.

6.3.3.1 Tamaño de campo

Para los tipos de datos de texto indica el tamaño máximo que puede tener el campo. Por defecto está definido a 50 y como máximo hasta 255.

Para los tipos de datos numéricos las opciones son las siguientes:

Byte	Para almacenar valores enteros entre 0 y 255.
Entero	Para valores comprendidos entre -32.768 y 32.767.
Entero largo	Para valores enteros comprendidos entre -2.147.483.648 y 2.147.483.647.
Simple	Para la introducción de valores comprendidos entre -3,402823E38 y -1,401298E-45 para valores negativos, y entre 1,401298E-45 y 3,402823E38 para valores positivos.
Doble	Para valores comprendidos entre -1,79769313486231E308 y -4,94065645841247E-324 para valores negativos, y entre 1,79769313486231E308 y 4,94065645841247E-324 para valores positivos.
Id de réplica	Se utiliza para claves autonuméricas en bases réplicas.
Decimal	Para valores comprendidos entre $-10^{38}-1$ y $10^{38}-1$.

6.3.3.2 Formato del campo

A través de esta propiedad personalizamos la forma de presentar los datos en pantalla o en un informe.

Para los campos *Numérico* y *Moneda*, las opciones son:

- **Número general**. Presenta los números tal y como fueron introducidos.

- **Moneda**. Presenta los valores introducidos con el separador de millares y el símbolo monetario asignado en **Windows** como puede ser €.

- **Euro**. Utiliza el formato de moneda, con el símbolo del euro.

- **Fijo**. Presenta los valores sin separador de millares.

- **Estándar**. Presenta los valores con separador de millares.

- **Porcentaje**. Multiplica el valor por 100 y añade el signo de porcentaje (%).

- **Científico**. Presenta el número con notación científica.

Los campos Fecha/Hora tienen los siguientes formatos:

- **Fecha general**. Si el valor es sólo una fecha no se muestra ninguna hora; si el valor es sólo una hora no se muestra ninguna fecha. Este valor es una combinación de los valores de Fecha corta y Hora larga. Ejemplos: 3/4/93, 05:34:00 PM y 3/4/93 05:34:00 PM.

- **Fecha larga**. Se visualiza la fecha con el día de la semana y el mes completo. Ejemplo: Lunes 27 de julio de 2009.

- **Fecha mediana**. Presenta el mes con los tres primeros caracteres. Ejemplo: 27-Jul-2009.

- **Fecha corta**. Se presenta la fecha con dos dígitos para el día, mes y año. Ejemplo: 27/07/09.

- **Hora larga**. Presenta la hora con el formato normal. Ejemplo: 17:35:20.

- **Hora mediana**. Presenta la hora con formato PM o AM. Ejemplo: 5:35 PM.

- **Hora corta**. Presenta la hora sin los segundos. Ejemplo: 17:35.

Los campos Sí/No disponen de los formatos predefinidos Sí/No, Verdadero/Falso y Activado/Desactivado.

Sí, Verdadero y Activado son equivalentes entre sí; al igual que lo son No, Falso y Desactivado.

6.3.4 INTRODUCCIÓN DE DATOS EN LA TABLA

Una vez que hemos diseñado la tabla, ya está lista para poder introducir los datos.

Habíamos realizado el diseño de la tabla, definiendo como clave principal el campo *Código*. Para pasar a introducir datos en la tabla pulsamos en el botón **Ver/Vista hoja de datos**.

Se mostrará la tabla en blanco con el nombre de cada columna, en la que ya podemos comenzar a introducir datos. Vamos a insertar los siguientes:

6.3.5 CERRAR LA TABLA

Una vez que hemos terminado de escribir los datos, tenemos la opción de cerrar la tabla, aunque no sería del todo necesario, podemos seguir trabajando con otros elementos y mantener la tabla abierta.

Vamos a cerrar la tabla. Para ello, en la pestaña que lleva el nombre de la tabla, hacemos clic con el botón derecho del ratón y elegimos la opción **Cerrar**.

La tabla se cierra y aparece solamente el nombre en el panel de exploración.

6.3.6 ABRIR LA TABLA

Si quisiéramos abrirla de nuevo, simplemente tenemos que hacer doble clic sobre el nombre de la tabla, en el panel de exploración.

6.3.7 CREAR TABLA PARA BASE DE DATOS AGENCIA DE VIAJES: CLIENTES

Para continuar con nuestro ejemplo vamos a crear una nueva tabla, perteneciente a la base de datos *Agencia de viajes*, a la que llamaremos *Clientes* y tendrá el siguiente diseño:

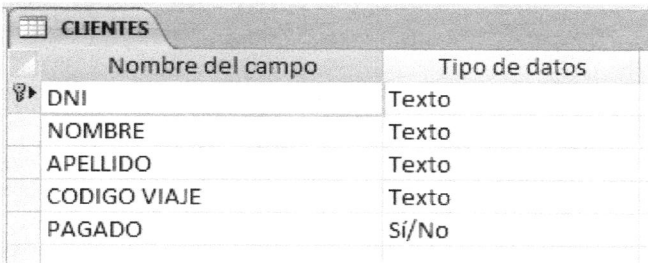

Y los siguientes datos:

1. Pulsamos en ficha **Crear**.

2. Botón **Tabla**. Se crea una nueva tabla.

3. Pulsamos en ficha **Campos**. Botón **Ver/Vista diseño**.

4. En el cuadro de diálogo **Guardar como**, le damos nombre a la tabla: *Clientes*.

5. Le damos la estructura que se muestra en la primera imagen de este ejemplo.

6. Para poner como clave principal el campo *DNI*, nos situamos en esa fila y pulsamos el botón **Clave Principal** de la ficha **Diseño**.

7. Pulsamos en el botón **Ver/Hoja de datos** en la ficha **Campos**.

8. Introducimos los datos que nos muestra la imagen anterior.

6.3.8 EJERCICIO PRÁCTICO

Crearemos una base de datos llamada *Academia* y en ella creamos dos tablas: *Cursos* y *Alumnos*.

La tabla *Cursos* se compone de los siguientes campos: *Id Curso (Clave principal)*, *Nombre curso*, *Fecha inicial*, *Nº de alumnos*, *Completo* y *Precio*. Establecer el tipo de datos adecuado a cada campo.

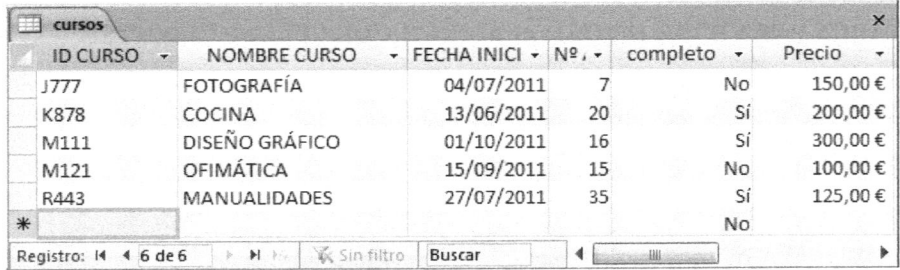

La tabla *Alumnos* tiene los siguientes campos: *N° expediente* (clave principal), *Código curso, Nombre, Apellidos, Dirección, Ciudad, Código Postal*.

6.4 RELACIONES

Las relaciones nos sirven para reunir información procedente de las diferentes tablas existentes en la base de datos. Podemos relacionar dos o más tablas cuando tienen algún campo en común, que muestre la misma información y que sean del mismo tipo de datos.

Para crear relaciones entre las tablas de la base de datos, nos situamos en la ficha **Herramientas de la Base de datos** y pulsamos el botón **Relaciones**.

Se mostrará entonces un cuadro de diálogo donde aparece una lista de todas las tablas que contiene la base de datos para elegir las tablas que deseamos relacionar.

Para el ejemplo que estamos desarrollando elegimos las dos tablas *Viajes* y *Clientes*. Hacemos doble clic sobre la tabla *Viajes* y doble clic sobre la tabla *Clientes*. Una vez seleccionadas las tablas pulsamos en el botón **Cerrar**, para cerrar el cuadro de diálogo.

La pestaña **Relaciones** tendrá el siguiente aspecto:

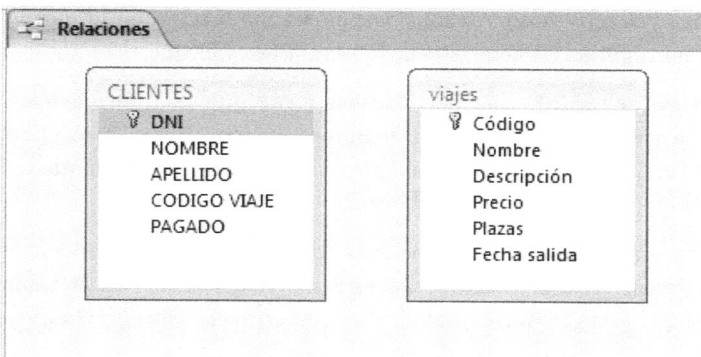

Se muestran ahora las tablas con todos los campos que contienen y además se indica, si es que existe, (con el símbolo de la llave amarilla) cuál es la clave principal de cada tabla.

Cuando queremos relacionar dos tablas con este tipo de relación, debemos tener en cada tabla un campo común que contenga el mismo tipo de información. Además en una de las tablas, concretamente en la tabla principal, ese campo debe ser la **Clave principal** de la dicha tabla.

En este ejemplo vamos a relacionar las tablas por el campo *Código* y *Código Viaje*. En la tabla *Viajes*, que es la tabla principal, *Código* es el campo clave y el campo *Código Viaje* es el campo que contiene la misma información en la tabla *Clientes*, la tabla secundaria.

La relación que vamos a crear es de uno a varios, que lo que nos indica es que un viaje está relacionado con muchos clientes.

Para crear la relación, pulsamos sobre el campo *Código* (tabla *Viajes*) y lo arrastramos hasta colocarlo encima de *Código Viaje* (tabla *Clientes*), de esta forma le estamos indicando que estos son los campos implicados en la relación, y se mostrará la siguiente ventana.

Desde aquí vamos a poder establecer las propiedades de esta relación que estamos creando:

En este cuadro de diálogo podemos observar los dos campos implicados; en la parte superior la tabla de la que proceden y en la parte inferior algunas características de la relación y el tipo.

- **Exigir integridad referencial**: Nos permite asegurar que la información introducida en las tablas relacionadas es válida y evita la introducción de datos erróneos. Por ejemplo, una vez creada la relación, no podríamos introducir un cliente (en la tabla cliente) con un código de viaje que no exista, nos daría un error, mientras que si no existe relación podríamos hacerlo.

- **Actualizar y borrar en cascada**: Estas opciones se refieren a las actualizaciones y borrados de la tabla principal, para que se borren o actualicen los registros relacionados en la tabla secundaria. Por ejemplo, eliminamos el viaje a Canarias, de forma automática se borrarán todos los clientes con ese código de viaje.

En nuestro ejemplo marcamos las tres casillas y pulsamos en **Crear**. Se mostrará una línea con la cardinalidad de la relación.

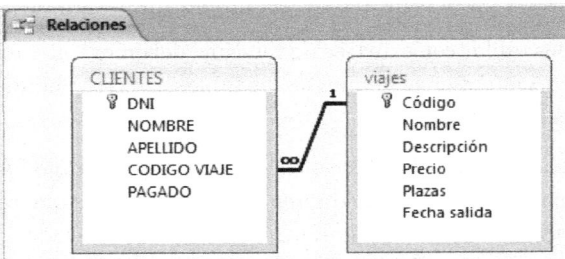

Una vez creada la relación vamos a intentar incluir un cliente con un *Código viaje* que no exista. Para ello abrimos la tabla *Clientes* (haciendo doble clic en el panel de exploración) e incluimos el siguiente cliente.

Al intentar cerrar la tabla o pasar a otro registro nos saldrá este error.

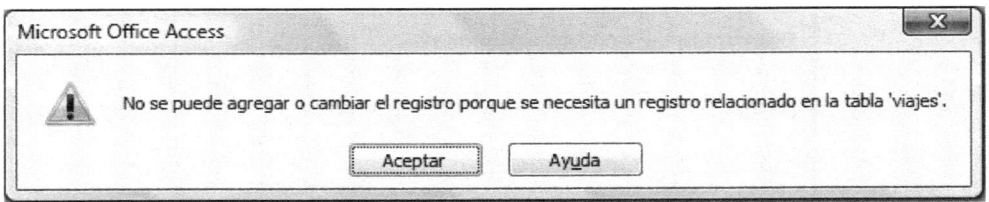

En el caso de querer eliminar la relación, pulsamos sobre esta línea que une las dos tablas y pulsamos en el teclado la tecla **SUPR**. Se mostrará una ventana donde nos pregunta si queremos eliminar la relación. Pulsamos **Aceptar**.

....

6.4.1 EJERCICIO PRÁCTICO

Crear la relación entre las tablas *Cursos* y *Alumnos*. Dicha relación se realizará a través del campo *Código curso*.

6.5 CONSULTAS

Las consultas son elementos de la base de datos que nos van a servir, según el tipo de consulta, para realizar filtros sobre las tablas, para eliminar registros, actualizar tablas, etc.

Hay dos tipos básicos de consultas:

1. Consultas de selección.

2. Consultas de acción.

Una **consulta de selección**, simplemente, recupera los datos que coinciden con los parámetros especificados y hace que estén disponibles para su uso. Los resultados de la consulta pueden verse en la pantalla, imprimirse o copiarse al portapapeles. También se pueden utilizar como origen de registros para un formulario o un informe.

Una **consulta de acción**, como su nombre indica, realiza una tarea con los datos. Las consultas de acción pueden servir para crear tablas nuevas, agregar datos a tablas existentes, actualizar datos o eliminarlos.

6.5.1 CONSULTAS DE SELECCIÓN

Vamos a comenzar con las consultas de selección. Como hemos indicado antes, recuperan los datos de la tabla o tablas que coinciden con los parámetros especificados.

6.5.1.1 Crear consultas

Para crear este tipo de consultas nos situamos en la ficha **Crear**. En la cinta de opciones nos encontramos el grupo **Consultas**, donde tenemos el botón **Diseño de consulta**.

Al pulsar este botón se abre la ventana correspondiente al diseño de la consulta y un cuadro de diálogo donde tenemos que elegir la tabla o tablas de donde vamos a extraer los registros que queremos visualizar en la consulta.

Elegimos la tabla *Viajes* y pulsamos en **Agregar**. Al pulsar en este botón la tabla *Viajes* se muestra en la parte superior de la ventana de diseño de la consulta. Si no deseamos añadir ninguna tabla más para crear la consulta pulsamos en el botón **Cerrar**.

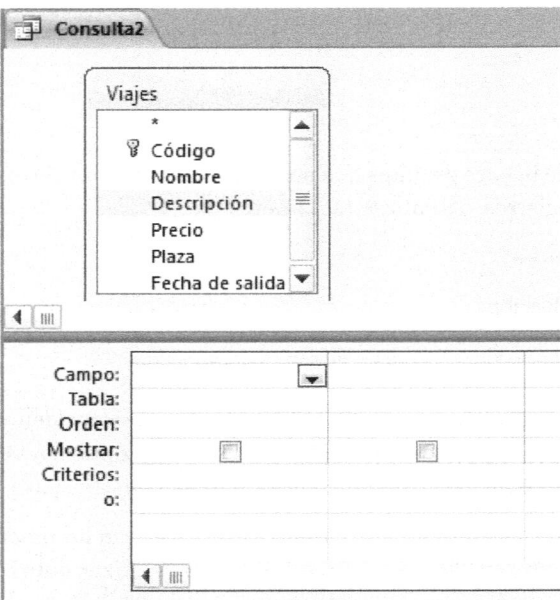

La ventana de diseño de la consulta se divide en dos partes. La parte superior nos muestra las tablas que hemos elegido para elaborar la consulta. Y la parte inferior nos muestra las columnas donde vamos a ir colocando los campos que queremos visualizar en el resultado y los filtros que especificaremos sobre determinados campos.

Al crear la consulta se visualiza también una nueva ficha en la cinta de opciones llamada **Diseño**, que recoge todas las opciones relativas al diseño y tipos de las consultas.

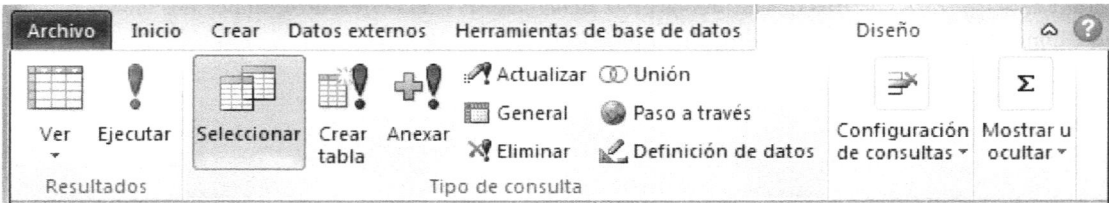

6.5.1.2 Diseño de la consulta

Cada fila del diseño de la consulta nos sirve para detallar un tipo de información.

■ **Campo**: Colocaremos el nombre del campo que deseamos ver en el resultado de la consulta.

■ **Tabla**: Se rellena de forma automática al poner el nombre del campo. Nos indica de que tabla procede dicho campo.

■ **Orden**: Esta línea la utilizamos para ordenar los datos de forma ascendente o descendente.

■ **Mostrar**: Para indicar si esa columna se muestra o no en el resultado.

■ **Criterios**: Para especificar las condiciones que tienen que cumplir los registros resultantes.

■ **O**: Para combinar condiciones.

Con esta primera consulta que vamos a elaborar, visualizaremos la descripción y el precio de todos los viajes.

Hemos comentado antes, que en cada columna vamos a poner cada uno de los campos que deseamos visualizar, por lo tanto, en la primera columna, en la fila campo situaremos el campo *Descripción*.

Esto podemos hacerlo de varias formas:

1. Pulsamos en la casilla **Campo** y en el desplegable elegimos *Descripción*.

2. Arrastramos el campo *Descripción* desde la tabla hasta la casilla **Campo** de la primera columna.

3. Hacemos doble clic en el campo *Descripción* y de forma automática se colocará en la casilla **Campo** de la primera columna vacía.

En la segunda columna colocamos el campo *Precio*.

Al colocar los campos en sendas columnas, se rellena automáticamente la fila inferior, la correspondiente a **Tabla**, que lo que nos indica es la tabla de la que procede el campo.

Y además se activa de forma automática la casilla **Mostrar**, que nos indica que esa columna de la consulta se mostrará en el resultado.

El diseño de la consulta nos quedará así:

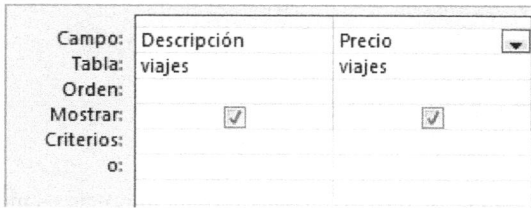

6.5.1.3 Ejecutar consulta

Una vez que tenemos elaborado el diseño de la consulta nos falta ejecutarla. Ejecutar una consulta de selección significa visualizar su resultado, es decir, visualizar los registros que cumplen las condiciones especificadas en el diseño de la consulta.

Para ejecutarla pulsamos en el botón **Ejecutar**, al principio de la ficha **Diseño**.

Al pulsar en **Ejecutar** se visualiza, en forma de tabla, el resultado de la consulta, que en este caso no es más que una relación de todos los viajes junto con su precio.

Vamos a modificar el diseño de la consulta. Para volver al diseño de la consulta pulsamos en el botón **Ver/Vista Diseño**.

Vamos a modificar el diseño de la consulta para visualizar *Descripción*, *Precio* y *Fecha salida* de todos los viajes con un valor inferior a 1000€. En este caso, vamos a incluir condiciones que deberán cumplir los registros que se visualicen en el resultado.

Queremos visualizar el campo *Fecha salida*, con lo cual, a continuación de *Precio*, en la siguiente columna, colocamos este campo. En esta nueva consulta no vamos a visualizar todos los viajes, sino sólo aquellos que cumplan una condición: que el precio sea inferior a 1000€.

En el diseño de la consulta tenemos una línea llamada **Criterios**. Es en esa línea donde pondremos las condiciones que tienen que cumplir los registros seleccionados para la consulta, siempre en la columna a la que corresponde la información.

En nuestro ejemplo, el filtro es sobre el campo *Precio*. Nos situamos en la columna donde hemos colocado este campo y en la línea **Criterios** escribimos, *>1000*. El diseño de la consulta quedaría así:

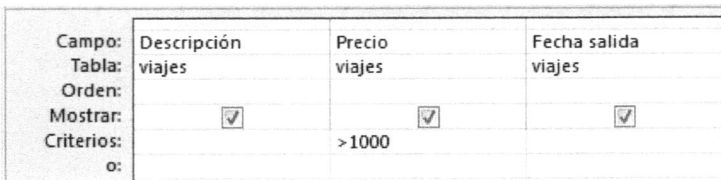

Campo:	Descripción	Precio	Fecha salida
Tabla:	viajes	viajes	viajes
Orden:			
Mostrar:	✓	✓	✓
Criterios:		>1000	
o:			

Y al ejecutar la consulta solamente se visualizarían los viajes cuyo precio es menor de 1000€.

Al ejecutar de nuevo la consulta, sólo visualizaremos la *Descripción*, *Fecha salida* y *Precio* de los viajes que cuesten menos de 1.000€.

6.5.1.4 Criterios

Volvamos al diseño de la consulta. Cuando estamos estableciendo criterios en campos numéricos vamos a utilizar los operadores de comparación, que son los siguientes:

OPERADOR	SIGNIFICADO
<	Menor.
>	Mayor.
<=	Menor o igual.
>=	Mayor o igual.
<> NO	Distinto.
=	Igual. En el caso del igual se puede omitir.
Entre ...y ... >= .... Y <= ...	Para establecer un intervalo donde los extremos están incluidos.
> ... y < ...	Intervalo con los extremos excluidos.

Veamos algunos ejemplos:

EJEMPLO	SIGNIFICADO
<>1500 ó NO 1500	Todos los viajes que no cuesten 1500€.
>=2500	Los que tengan un precio mayor o igual a 2500€.
Entre 700 y 1500 ó >= 700 y <=1500	Los viajes que tengan un precio entre 700€ y 1500€.
600	Precio igual a 600€.

Cuando establezcamos criterios para los datos de tipo **Texto** o **Memo** vamos a utilizar los siguientes operadores:

ELEMENTO/OPERADOR	SIGNIFICADO
=	Al igual que en los datos numéricos se puede omitir.
<> NO	Distinto, excluye el valor de los resultados.
*	Nos sirve para hacer patrones de búsqueda. Este símbolo equivale a cualquier carácter y cualquier número de caracteres.
?	Símbolo equivalente a cualquier carácter, pero sólo uno.

Ejemplos para datos de tipo **Texto** o **Memo** (Los tres primeros sobre el campo *Nombre*, el último sobre campo *Descripción*).

EJEMPLO	SIGNIFICADO
> PARIS NO PARIS	Excluye en el resultado los viajes a París.
= PARIS PARIS	Visualiza el viaje a París.
C*	Visualiza los viajes que empiecen por C.
* régimen TI*	Visualiza los viajes en régimen TI.

Los datos de tipo **Si/No** son datos de tipo lógico. Su tratamiento es como si fuera texto, con el único detalle de que si queremos poner como criterio *Sí lógico*, éste sí lleva tilde en la i.

Los datos de tipo **Fecha/Hora** se tratan como datos numéricos, con lo cual podemos utilizar los operadores de comparación y establecer intervalos exactamente igual que para los números.

Ejemplos para datos de tipo **Fecha/Hora**:

EJEMPLO	SIGNIFICADO
>1/9/2010	Visualizar los viajes a partir de septiembre de 2010.
Entre 1/8/2010 y 31/8/2010	Visualizar los viajes del mes de agosto de 2010.

Todos estos son los criterios que podemos establecer.

6.5.1.5 Condiciones múltiples

Si queremos elaborar consultas con varias condiciones tenemos que especificar cada condición en la columna que corresponda.

Por ejemplo, queremos visualizar todos los viajes que se realizarán en la primera quincena de agosto y sean inferiores a 1000€, quedaría así:

Campo:	Nombre	Descripción	Precio	Fecha salida
Tabla:	viajes	viajes	viajes	viajes
Orden:				
Mostrar:	☑	☑	☑	☑
Criterios:			<1000	Entre #01/08/2010# Y #15/08/2010#
o:				

Cuando establecemos varias condiciones y queremos que se cumplan todas ellas, tenemos que ponerlas todas en la línea **Criterios**, en su columna correspondiente, de esta forma se seleccionarán los registros que cumplan todas las condiciones.

Si por el contrario de todas las condiciones que establecemos, queremos que se cumpla alguna de ellas o las dos, tendremos que ponerlas en líneas diferentes:

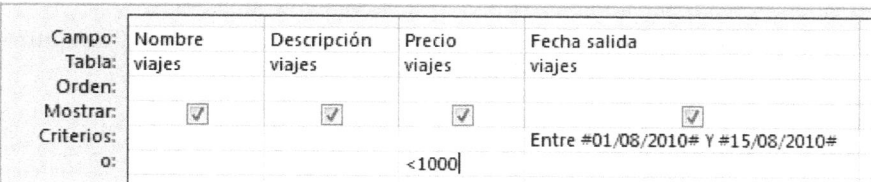

Otro ejemplo, deseamos visualizar todos los viajes que se desarrollen en la primera quincena de agosto o en la primera de septiembre:

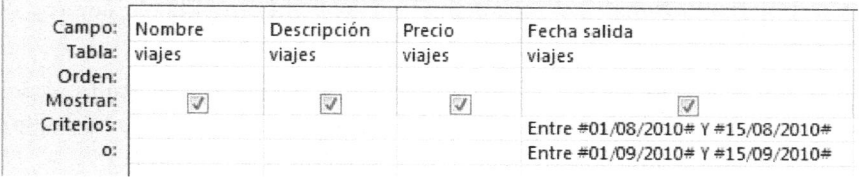

6.5.1.6 Consultas de varias tablas

Hasta ahora todos los ejemplos que hemos realizado se referían a una sola tabla, pero vimos en el punto anterior, que si existe relación entre las tablas podemos realizar consultas que extraigan información de varias de ellas.

Por ejemplo, deseamos visualizar el *Nombre*, *Apellido* y *DNI* de los clientes que van a Costa Rica y a París.

Creamos una nueva consulta en Vista Diseño y añadimos las tablas *Viajes* y *Clientes*. Al añadirlas, se muestra, de forma automática, la relación que une a estas dos tablas.

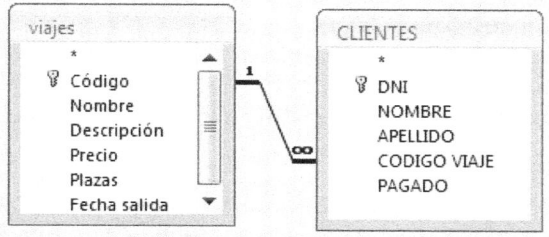

Ahora procederemos a realizar la consulta, como si fuera una consulta simple, añadiendo campos de una tabla u otra, según sea necesario. La consulta quedará así:

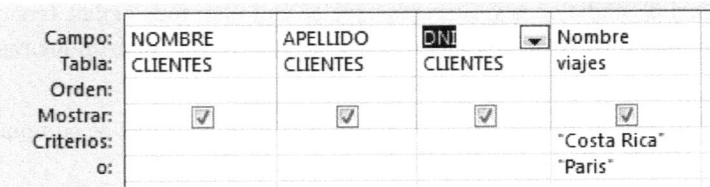

Cuando colocamos los campos en cada una de las columnas que componen la consulta, **Access** nos pone automáticamente el nombre de la tabla a la que pertenece.

6.5.1.7 Guardar una consulta

Para guardar una consulta podemos proceder de varias formas:

1. Pulsamos sobre el botón **Guardar** de la barra de acceso rápido.

2. Pulsamos en la ficha **Archivo** en la opción **Guardar**.

3. Pulsamos en la pestaña correspondiente a la consulta con el botón derecho del ratón y elegimos **Guardar**.

En cualquier caso nos aparecerá un cuadro de diálogo para darle nombre a la consulta. Podemos darle cualquier nombre excepto el nombre de las tablas ya creadas. Una vez guardada podemos cerrarla haciendo clic en su botón ⎡ x ⎤.

....

6.5.2 CONSULTAS DE ACCIÓN

Una consulta de acción, como su nombre indica, realiza una tarea con los datos. Las consultas de acción pueden servir para crear tablas nuevas, agregar datos a tablas existentes, actualizar datos o eliminar datos.

Los tipos de consultas de acción son los siguientes:

▪ **Consultas de creación de tablas**: Este tipo de consulta se usa cuando hay que copiar los datos a una tabla o almacenarlos. Una consulta de creación de tabla recupera datos de una o varias tablas y, a continuación, carga el conjunto de resultados en una nueva. Esa nueva tabla puede residir en la base de datos abierta o puede crearse en otra base de datos.

▪ **Consultas de actualización**: Se utiliza este tipo de consulta para actualizar o cambiar datos en un conjunto de registros.

▪ **Consultas de eliminación**: Para eliminar registros completos (filas) que cumplan con los criterios que se especifican.

▪ **Consultas de datos anexados**: Una consulta de datos anexados agrega un conjunto de registros (filas) de una o varias tablas de origen (o consultas) a una o varias tablas de destino. En general, las tablas de origen y de destino residen en la misma base de datos, pero no es imprescindible.

6.5.2.1 Consultas de Creación de tablas

En la base de datos que estamos utilizando para realizar los ejemplos, *Agencia de viajes*, tenemos la tabla *Viajes* y la tabla *Clientes*.

Vamos a utilizar la tabla *Clientes* para este ejemplo. Lo que pretendemos es crear una nueva tabla, que se va a llamar *Costa Rica*, donde vamos incluir a todos los clientes que vayan a ese viaje, cuyo código es *78CR*.

Empezamos como en cualquier consulta, pulsamos en la ficha **Crear**, en el botón **Diseño de Consulta** y agregamos la tabla *Clientes*.

Ahora modificamos el tipo de consulta, ya que por defecto es una consulta de selección. Para ello, en la pestaña **Diseño** disponemos de un grupo de opciones llamado **Tipo de consulta**, donde se encuentran todos los tipos de consultas. Pulsamos en **Crear tabla**.

Se mostrará un cuadro de diálogo para indicar el nombre de la nueva tabla que vamos a generar al ejecutar esta consulta.

En el nombre de la tabla escribimos *Costa Rica* y pulsamos en **Aceptar**.

Ahora vamos a realizar el diseño de la consulta:

■ En la primera columna del diseño de la consulta ponemos el *, que ya hemos visto que equivale a todos los campos de la tabla.

■ En la segunda columna colocamos el campo *Código*, ya que lo necesitamos para indicar que sólo queremos los viajes cuyo código sea *78CR*.

■ Deshabilitamos de la columna *Código* la casilla **Mostrar**, ya que si no, estaríamos incluyendo este campo dos veces.

■ En la fila **Criterio** de esta misma columna escribimos *78CR*.

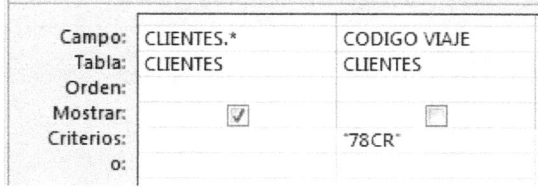

Ejecutar esta consulta significa realizar la acción que lleva implícita, que es crear esa nueva tabla con los registros que cumplan la condición. Al pulsar en **Ejecutar** se muestra un cuadro de diálogo como el siguiente para indicarnos el número de filas que va a tener la nueva tabla. Al pulsar en **Aceptar** se ejecuta y se crea la nueva tabla. Podemos verlo en el panel de exploración.

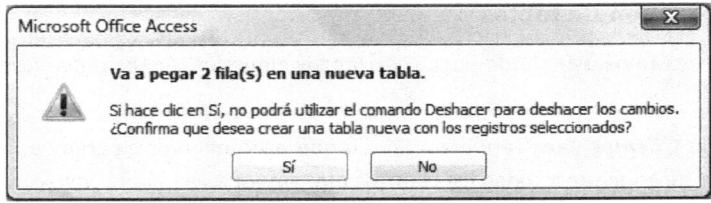

6.5.2.2 Consultas de Actualización

Nos servirá para modificar los datos de la tabla o tablas sobre las que hacemos la consulta.

Vamos a modificar el campo *Pagado* a *Sí* de todos los clientes que van a *Japón*.

Para hacer esta consulta necesitamos las dos tablas, ya que no conocemos el código del viaje a Japón.

Comenzamos como en cualquier consulta, pulsamos en la pestaña **Crear**, en el botón **Diseño de Consulta** y agregamos las tablas *Viajes* y *Clientes*.

Ahora modificamos el **Tipo de consulta**, y elegimos **Actualizar**.

Las filas de la consulta varían ligeramente:

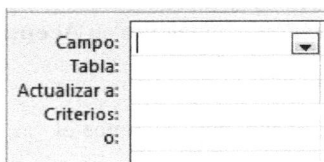

En este tipo de consultas sólo entran en juego los campos que vamos a actualizar y los campos sobre los que vamos a escribir los criterios.

Para la consulta que estamos diseñando elegimos el campo *Nombre* de la tabla *Viajes* en la cual escribimos el criterio *Japón* y en la siguiente columna colocamos el campo *Pagado* y en la línea **Actualizar** escribimos *Sí*. Lo que le estamos indicando es que para todos aquellos clientes cuyo viaje sea Japón vamos a actualizar su campo *Pagado* al valor *Sí*.

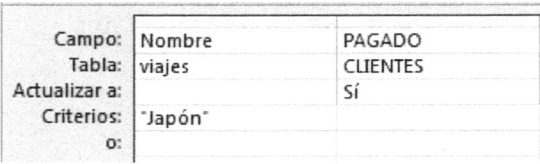

Al pulsar en el botón **Ejecutar**, la consulta se muestra un mensaje en el que nos indica cuántas filas de la tabla se van a actualizar. Al hacer clic en **SI** se realizan los cambios.

Si queremos visualizar el resultado tendremos que abrir la tabla *Clientes* y ver que efectivamente nuestro cliente que iba a Japón sí ha pagado.

6.5.2.3 Consultas de ELIMINACIÓN

Elimina los registro/s de la tabla seleccionada que cumplen los criterios especificados.

Vamos a eliminar los clientes que han pagado. Necesitaremos solamente la tabla *Clientes*.

Comenzamos pulsando en **Crear consulta en vista diseño**, y agregamos la tabla. Ahora cambiamos el tipo de consulta. Elegimos **Eliminar**.

Cambian ligeramente las filas de la consulta:

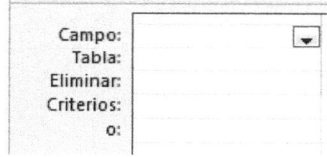

En **Campo** colocamos el campo *Pagado*, nos indica que pertenece a la tabla *Clientes* y en **Criterios** escribimos *Sí*. Al pulsar en **Ejecutar** se muestra un mensaje que nos indica cuántas filas de la tabla se van a eliminar.

Cuando hacemos clic en **SI** se eliminan.

Si queremos comprobarlo, abrimos la tabla *Clientes* y veremos que efectivamente los clientes que habían pagado se han eliminado de la tabla.

6.5.2.4 Consultas de Datos anexados

Nos sirve para añadir datos a una tabla.

Vamos a añadir el contenido de la tabla *Costa Rica*, que creamos anteriormente, a la tabla *Clientes* (ya que los clientes que contiene la tabla *Costa Rica* los acabamos de borrar de la tabla *Clientes*).

Creamos de nuevo una consulta y elegimos la tabla que contiene los datos que queremos anexar, en nuestro caso la tabla *Costa Rica*.

A continuación cambiamos el tipo de consulta, elegimos **Anexar**:

Se visualiza un cuadro de diálogo para indicar a qué tabla queremos añadir los datos de la tabla *Costa Rica*.

Elegimos la tabla *Clientes* y pulsamos en **Aceptar**.

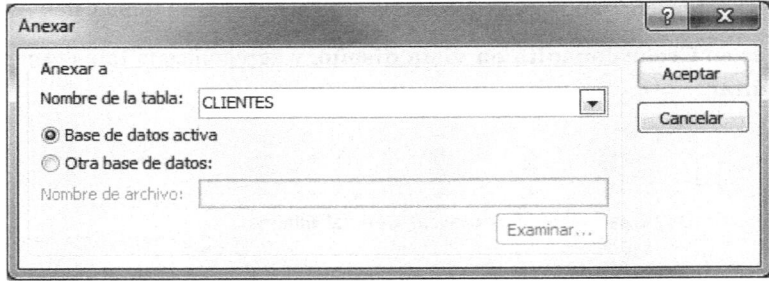

En estos tipos de consulta también varían un poco las filas de la consulta:

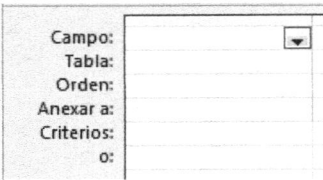

Podemos diseñar la consulta de dos formas, añadiendo uno a uno los campos que queremos anexar a la tabla clientes:

Campo:	DNI	NOMBRE	APELLIDO	CODIGO VIAJE	PAGADO
Tabla:	Costa Rica	Costa Rica	Costa Rica	Costa Rica	Costa Rica
Orden:					
Anexar a:	DNI	NOMBRE	APELLIDO	CODIGO VIAJE	PAGADO
Criterios:					
o:					

O, como van a ser todos los campos, utilizar el comodín * para indicar que son todos los campos de la tabla los que vamos a añadir:

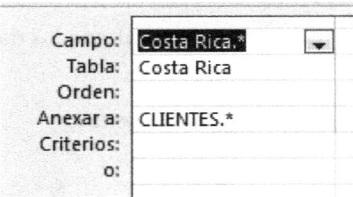

Al **Ejecutar** la consulta aparecerá un cuadro de diálogo para indicarnos el número de filas que se van a copiar a la tabla *Clientes*. Para poder comprobarlo, abriremos la tabla *Clientes*.

6.5.3 EJERCICIO PRÁCTICO

- Visualizar todos los alumnos que no sean de Madrid.

- Visualizar todos los datos de los alumnos que están matriculados en el cursos M111 o son de Tres Cantos.

- Visualizar el nombre de los cursos con un precio superior a 150 euros.

- Visualizar nombre y precio de los cursos que comienzan en julio.

- Visualizar todos los datos de los cursos que comienzan entre julio y septiembre.

- Visualizar todos los cursos que comiencen en octubre o no estén completos.

- Visualizar el nombre y la fecha de inicio de los cursos completos con un precio entre 200 y 300 euros.

- Con una consulta de creación de tablas, crear una tabla llamada *Alumnos de Tres Cantos*, que incluya todos los datos de los alumnos de esta localidad.

- Con una consulta de actualización, aumentar el precio de los cursos que tengan más de 15 alumnos un 5%.

- Con una consulta de eliminación, eliminar de la tabla *alumnos* todos aquellos cuya población es Tres Cantos.

6.6 FORMULARIOS

Los formularios son pantallas de entrada, visualización y modificación de datos.

Los botones que vamos a utilizar para crear formularios se encuentra ubicados en el grupo de opciones **Formularios** dentro de la ficha **Crear**.

6.6.1 FORMULARIOS RÁPIDOS

Para crear un formulario de forma rápida, seleccionamos en el **Panel de exploración** la tabla para la que queremos crear el formulario y pulsamos en el botón **Formulario**, situado en la ficha **Crear**, grupo **Formularios**.

El formulario que se genera ya está listo para usar. A través de él podemos visualizar, en forma de ficha, los datos de cada cliente, y a través de los botones que se muestran en la parte inferior del formulario podemos movernos por los diferentes registros, incluso añadir nuevos registros a la tabla.

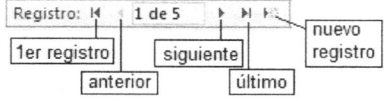

Podemos modificar tanto el formato como el diseño del formulario. Contamos con tres nuevas fichas: **Diseño**, **Organizar** y **Formato**.

1. Pulsando en el botón **Ver** del grupo **Vistas**, y eligiendo **Vista Presentación**, podemos modificar el formato del formulario, como poner otro color de fondo, cambiar el tipo de letra o poner de otro color las líneas. Todo esto se hace a través de la ficha **Formato**.

2. Si elegimos la opción **Vista Diseño**, podremos cambiar el diseño del formulario, como cambiar el control que representa un dato, modificar el lugar donde está situado o hacerlo más grande o más pequeño. Todo ello lo modificamos a través de la ficha **Diseño**.

3. La ficha **Organizar** nos permite cambiar la organización del formulario. Por ejemplo subir y/o bajar los campos, insertar filas y columnas, desplazarlas, cambiar la disposición de los campos dentro del formulario, etc.

....

6.6.2 ASISTENTE PARA FORMULARIOS

El asistente para formularios es un pequeño programa que nos va a ayudar a crear un formulario, de tal forma que podremos seleccionar determinadas características de diseño, organización y formato.

Para iniciar el asistente, en la ficha **Crear** pulsamos en el botón **Asistente para formularios**.

Veremos entonces la primera pantalla del asistente, donde vamos a elegir la tabla o tablas de donde queremos extraer los datos que posteriormente se visualizarán en el formulario.

Al elegir la tabla en la **Lista de campos disponibles** se muestran todos los datos que tiene la tabla, y con las flechas que hay en el medio tenemos que pasar estos campos al listado de los **Campos disponibles**. Pasamos todos y pulsamos en **Siguiente**.

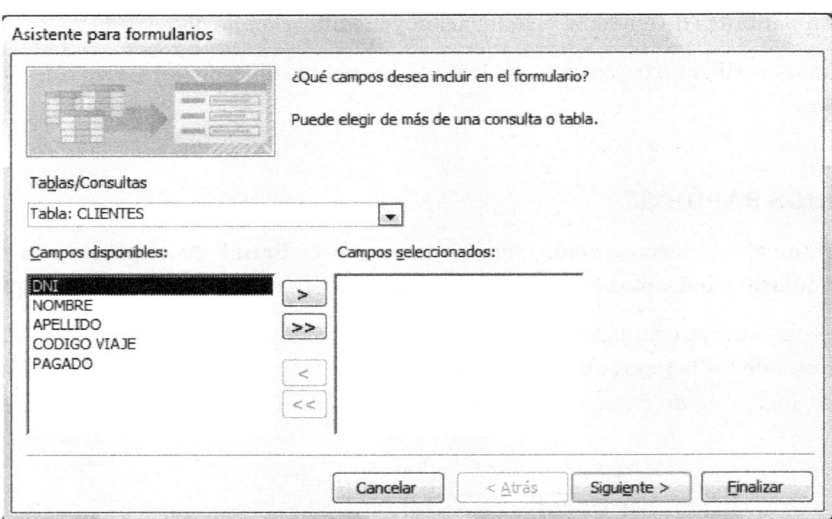

La siguiente ventana elegimos la distribución que queremos darle al formulario.

Y por último, le indicamos el **Título del formulario** y qué es lo que vamos a hacer a continuación: Abrir el formulario para usarlo o modificar su diseño. Pulsamos en **Finalizar** y se muestra el formulario con las opciones que hemos elegido

6.6.3 FORMULARIOS DIVIDIDOS

Es también una forma automática de crear un formulario. La diferencia con el anterior, es que la pantalla del formulario va a estar divida en dos partes, en una se verá una ficha del registro en el que estamos situados, correspondiente a un elemento de la tabla, y en la otra se verá la tabla completa.

Para crear un formulario de este tipo, en el **Panel de exploración** elegimos la tabla sobre la que vamos a crear el formulario. Pulsamos en el botón **Más formularios** y elegimos **Formulario dividido**.

6.6.4 VARIOS ELEMENTOS

Es otra forma de crear automáticamente un formulario y su diseño es parecido al de una tabla.

Para crear un formulario de este tipo, en el **Panel de exploración** elegimos la tabla sobre la que vamos a crear el formulario. Pulsamos en el botón **Más formularios** y elegimos **Varios elementos**.

6.6.5 GUARDAR FORMULARIO

Pulsamos en el botón **Guardar** 🖫 de la barra de acceso rápido, o la opción **Guardar** de la ficha **Archivo**, o en la pestaña del formulario con el botón derecho del ratón, y en el cuadro de diálogo que se muestra escribimos el nombre que le asignamos al formulario.

6.6.6 FORMULARIO CON SUBFORMULARIO

Sería interesante en nuestra base de datos *Agencia de viajes*, disponer de un formulario que nos permitiese ver los datos de un viaje y también los clientes asociados a ese viaje.

Pues bien, a esto se le llama formulario con subformulario. El formulario principal será el de la tabla *Viajes* y el secundario o subformulario el de la tabla *Clientes*.

Se puede crear de forma automática, creando un formulario sobre la tabla *Viajes*.

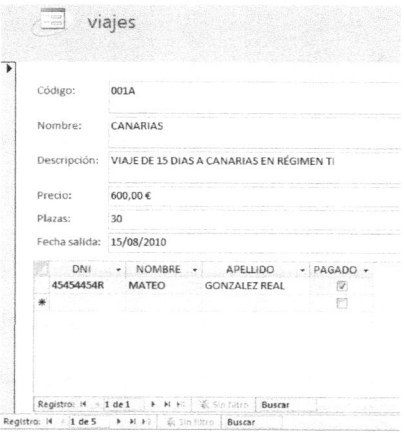

6.6.7 EJERCICIO PRÁCTICO

Crear un formulario con subformulario de las tablas *Cursos* y *Alumnos* con el diseño que más te guste. El subformulario corresponderá a la tabla *Alumnos*.

6.7   INFORMES

Los informes sirven para resumir y presentar los datos de las tablas. Cada informe se puede diseñar para presentar la información de la mejor manera posible.

Un informe se puede ejecutar en cualquier momento y siempre reflejará los datos actualizados de la base de datos. Los informes suelen tener un formato que permite imprimirlos, pero también se pueden consultar en la pantalla, exportar a otro programa o enviar por correo electrónico.

6.7.1 INFORMES RÁPIDOS

Para crear un informe de forma rápida, seleccionamos la tabla en el **Panel de exploración** y pulsamos en el botón **Informe**, que se encuentra incluido en la ficha **Crear**, dentro del grupo **Informes**.

Se generará un informe automático similar al siguiente:

CLIENTES			jueves, 15 de julio de 2010 12:02:01
DNI	NOMBRE	APELLIDO	CODIG
58795641Y	MARIA	SANTOS ARIET	12PR
55555555T	LOLA	VICENTE MORA	JP45
45454454R	MATEO	GONZALEZ REAL	001A
11111111P	JAVIER	ROLDAN ROLDAN	78CR
98989898T	ANGELA	MORENO LEAL	78CR
	5		

6.7.2 INFORMES CON ASISTENTE

También podemos utilizar el asistente donde vamos a poder elegir los campos que queremos en el informe y algunas características de diseño, organización y formato.

En el grupo **Informes** podemos encontrar la opción **Asistente para informes**, lo pulsamos para iniciar dicho asistente.

La primera pantalla nos permite elegir la tabla o tablas de las que van a proceder los campos que vamos a insertar en el informe.

En la casilla **Tablas/Consultas** elegimos la tabla a utilizar, en nuestro caso *Clientes*. Inmediatamente se muestra en la parte inferior, en **Campos disponibles**, el listado de campos que contiene dicha tabla.

Tendremos que pasar a la lista **Campos seleccionados** los campos que queramos incluir en el informe. Para hacer esto pulsamos en el botón ⟩ si queremos pasarlos uno a uno o en el botón ⟩⟩ si queremos pasar todos los campos a la vez. Para nuestro ejemplo hemos pasado todos los campos.

Al pulsar **Siguiente**, en la próxima pantalla del asistente nos pide agregar algún **Nivel de agrupamiento**. Significa que los datos pueden estar agrupados por un determinado campo. En nuestro caso hemos seleccionado el campo *Pagado* (se selecciona y con la flecha hacia la derecha le indicamos que es el campo que queremos como agrupación).

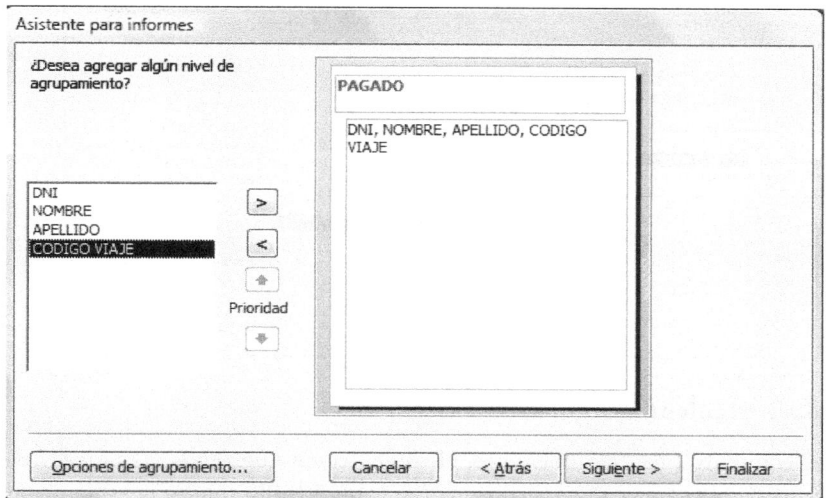

A continuación podemos elegir el **Orden de los elementos**, seleccionando los campos por los que vamos a ordenar y eligiendo si va a ser **Ascendente** o **Descendente**.

En la siguiente pantalla vamos a elegir la distribución, es decir, como están colocados los datos, y la orientación del papel, horizontal o vertical.

Y por último, le ponemos el **Título al informe** e indicamos lo que vamos a hacer a continuación, **Vista previa del informe** o **Modificar su diseño**.

. . . .

6.7.3 INFORME CON SUBINFORME

Al igual que realizamos un formulario con subformulario, podemos hacer lo mismo con los informes. Lo llevaremos a cabo con el **Asistente para informes**.

De esta forma podemos crear un informe donde se visualicen los datos del viaje y una relación de los clientes asociados a ese viaje.

Pasos:

1. En la ficha **Crear**, grupo **Informes**, pulsamos el botón **Asistente para informes**.

2. En la primera pantalla del asistente elegimos la tabla *Viajes* y seleccionamos los campos: *Nombre* y *Precio*.

3. Seguidamente seleccionamos la tabla *Clientes* y elegimos los campos *DNI*, *Nombre* y *Apellidos*. Nos quedará así.

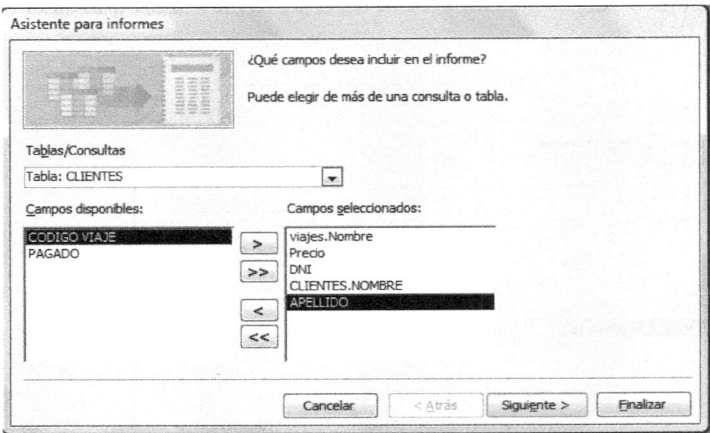

4. Pulsamos **Siguiente**.

5. En el siguiente paso del asistente, elegimos cómo queremos visualizar los datos. Tenemos que seleccionar que vamos a visualizarlo por la tabla **Viajes**, que es la tabla principal, para que se cree el subformulario.

6. Elegimos el resto de características que nos va mostrando el asistente, como vimos en el punto anterior.

Al finalizar nos mostrará un informe similar a este:

Viajes

Destino	Precio	DNI	NOMBRE	APELLIDO
CANARIAS	600,00 €			
		45454454R	MATEO	GONZALEZ REAL
PARIS	650,00 €			
		58795641Y	MARIA	SANTOS ARIET
COSTA RICA	1.500,00 €			
		11111111P	JAVIER	ROLDAN ROLDAN
		98989898T	angela	MORENO LEAL
JAPON	2.500,00 €			
		55555555T	LOLA	VICENTE MORA

6.7.4 EJERCICIO PRÁCTICO

Crear un informe con el diseño que se desee, donde mostremos los siguientes campos: *Ciudad*, *Nombre*, *Apellidos* y *Nombre del curso* que realiza el alumno. Estará agrupado por *Ciudad* y ordenado por *Apellidos*. Será similar a la siguiente imagen.

Alumnos

ciudad	Apellidos	Nombre	NOMBRE CURSO
MADRID			
	BARROSO	JUAN LUIS	DISEÑO GRÁFICO
	REIG	ÁNGEL	DISEÑO GRÁFICO
	SAEZ	ANDRÉS	OFIMÁTICA
	SANTOS	OLGA	DISEÑO GRÁFICO
MOSTOLES			
	BLÁZQUEZ	MARÍA	COCINA
	JUAREZ	ÁNGELA	FOTOGRAFÍA
	MORENO	MARTINA	MANUALIDADES
	VARELA	SARA	COCINA
TRES CANTOS			
	MORAL	SERGIO	FOTOGRAFÍA
	RUANO	ROSARIO	OFIMÁTICA

6.8 OTRAS BASES DE DATOS

Base es como se llama la aplicación de base de datos de *OpenOffice.org*.

Funciona igual que **Access**, la base de datos de **Microsoft**, donde podemos crear Tablas, Consultas, formularios e informes.

Además, Base es compatible con la mayoría de las bases de datos existentes y también con la libreta de direcciones de **Microsoft Outlook**.

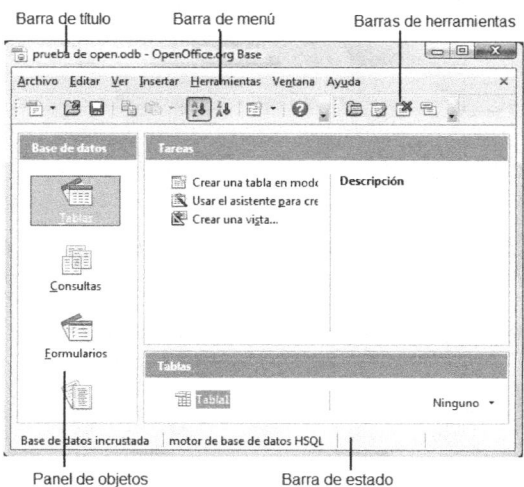

6.8.1 EJERCICIO GUIADO

Vamos a crear una nueva base de datos llamada *Videoclub*, va a contener una tabla llamada *Películas*.

Pulsamos en **Inicio/Todos los programas/OpenOffice**.**org**.**Base** y se muestra el asistente para ayudarnos a crear la base de datos.

Elegimos **Crear nueva base de datos** y pulsamos en **Siguiente**.

Al pasar al siguiente paso del asistente, dejamos las opciones predeterminadas y pulsamos en **Finalizar**. Se mostrará un nuevo cuadro de diálogo para indicar el nombre de la base de datos: *Videoclub*.

6.8.1.1 Crear tabla

En el panel de objetos pulsamos en **Tablas** y en la parte derecha **Crear tabla en modo diseño**.

Se abre la ventana de diseño de la tabla, muy similar a **Access**. Le damos el siguiente diseño:

	Nombre del ca...	Tipo del campo
🔑	Código	Texto [VARCHAR]
	Título	Texto [VARCHAR]
	Precio	Número [NUMERIC]

Para indicar que el *Código* es el campo **Clave principal**, pulsamos sobre él con el botón derecho del ratón y marcamos la opción **Llave primaria**. A continuación pulsamos en el botón **Guardar** de la barra de menú y le ponemos como nombre *Películas*.

6.8.1.2 Introducir datos

Una vez cerrada la tabla, para introducir datos, hacemos doble clic sobre ella y en la cuadrícula que se muestra introducimos los siguientes datos.

	Código	Título	Precio
	11C	Medianoche en París	8 €
	458V	Los Pitufos	5 €
	77J	El oso Yogui	4 €

6.8.2 EJERCICIO PRÁCTICO

Crea una nueva tabla llamada *Clientes* donde recojas el *DNI, Nombre, Apellidos* y *Código película*, donde *DNI* sea la clave principal.

Una vez creada, a través de **Herramientas/Relaciones**, crea la relación entre las dos tablas (por el campo *Código película y Código*)

Posteriormente, introduce datos en la tabla *Clientes*, teniendo en cuenta, que si introduces algún *Código película* que no existe te aparecerá un error.

TEST DE CONOCIMIENTOS

1 ¿Qué es una clave principal?
- a) Es un elemento de formulario, para poder abrirlo con seguridad.
- b) Es la clave que se aplica a las tablas para poder abrirlas.
- c) Un campo o conjunto de campos que identifican de forma única cada registro de la tabla.

2 Tenemos una tabla de clientes. Uno de sus campos es para almacenar la fotografía de este. ¿De qué tipo debería ser?
- a) Memo
- b) Hipervínculo
- c) Objeto OLE

3 Si para la misma tabla anterior, deseamos tener un campo donde almacenaremos un breve informe de los trabajos realizados para el cliente, ¿de qué tipo debería ser?
- a) Memo
- b) Hipervínculo
- c) Objeto OLE

4 En el diseño de una relación entre tablas, ¿qué significa Borrar en cascada?
- a) Que al borrar un registro de la tabla principal, se borra también un registro en la tabla secundaria
- b) Que al borrar un registro de la tabla principal, se borran los registros relacionados en la tabla secundaria
- c) Que al borrar un registro de la tabla principal, se borra la tabla secundaria completa.

5 ¿Cuáles son los tipos de consultas de acción?
- a) Eliminación, actualización, de creación de tablas y de datos anexados.
- b) Eliminación, actualización y selección
- c) Eliminación, actualización, de creación de tablas, de datos anexados y de selección.

6 Cuando en una consulta colocamos todos los criterios en la misma fila, ¿Qué estamos indicando?
- a) Estamos indicando que se tienen que cumplir todas las condiciones para cada registro.
- b) Estamos indicando que se tiene que cumplir cualquiera de las condiciones para cada uno de los registros.
- c) No es necesario que se cumplan ninguna de las condiciones.

7 ¿Qué es un formulario?
- a) Documento donde indicaremos los detalles de diseño de cada una de las tablas.
- b) Una pantalla de entrada, visualización y modificación de datos de una o varias tablas.
- c) Documento donde indicaremos los detalles de diseño de las consultas.

8 En un informe, ¿se pueden agrupar los datos por un determinado campo?
- a) Sí, en uno de los pasos del asistente nos permite seleccionar el nivel de agrupamiento.
- b) No, veremos los datos de forma similar a una tabla, pero con un diseño más elaborado.

7 INTEGRACIÓN DE APLICACIONES

En este capítulo vamos a estudiar cómo podemos utilizar información que hemos elaborado con una aplicación en otra diferente, es decir, vamos a trasladar datos y formatos de una aplicación a otra.

7.1 PASAR UNA TABLA DE EXCEL A WORD Y VICEVERSA

Con las opciones de portapapeles, podemos pasar tanto de **Excel** a **Word** como de **Word** a **Excel**.

7.1.1 EJERCICIO GUIADO

- Creamos una tabla en **Word**, le damos el formato que deseamos.
- Seleccionamos la tabla y pulsamos en **Copiar**.
- Posteriormente abrimos **Excel** y nos situamos en la celda a partir de la cual se va a copiar la tabla.
- Pulsamos en **Pegar**.

Vamos a realizar la operación al contrario.

- Abrimos un archivo de **Excel**, y seleccionamos aquella parte que queremos pasar a **Word**.
- Pulsamos en **Copiar**.
- Abrimos **Word**, un documento nuevo o uno ya existente, y nos colocamos en el punto a partir del cual queremos colocar la tabla.
- Pulsamos en **Pegar**.

7.2 EXPORTAR UNA TABLA DE ACCESS A EXCEL Y A WORD

Access, incorpora a su cinta de opciones las herramientas para exportar una tabla de **Access**. Vamos a ver cómo podemos exportarla a un archivo de texto y a **Excel**.

7.2.1 EJERCICIO GUIADO

Abrimos la base de datos *Agencia de viajes* y su tabla *Viajes*.

Vamos a exportar primeramente a **Excel**. En la cinta de opciones, en la ficha **Datos externos**, encontramos un grupo llamado **Exportar**. En el tenemos el botón **Excel**, que nos va a permitir exportar a **Excel** la tabla que tenemos abierta.

Al pulsar este botón, se abre un cuadro de diálogo para indicar el nombre y ubicación del archivo que se va a crear. Además, nos permite marcar la opción para que al terminar la exportación se abra el archivo. Dejamos lo que aparece por defecto. Y la tabla se mostrará en una hoja de **Excel**.

Si lo que pretendemos es exportar la tabla abierta a un archivo de texto, en el mismo grupo de opciones encontramos el botón **Archivo de texto**. Al pulsarlo, también aparece un cuadro de diálogo para indicar nombre y ubicación. Dejamos las opciones predeterminadas, y se abrirá un asistente para que indiquemos como deseamos exportar los datos.

7.3 COMBINAR CORRESPONDENCIA DE UNA TABLA DE ACCESS EN WORD

En el apartado de **Word 3.15**, hemos visto como podemos utilizar la opción **Combinar correspondencia**. Vamos a ver ahora como podemos partir de una base de datos de **Access** y las herramientas disponibles para ello.

7.3.1 EJERCICIO GUIADO

Abrimos la base de datos *Agencia de viajes*, y su tabla *Clientes*. Lo que pretendemos es utilizar esta tabla para enviar una carta personalizada a cada uno de los clientes.

En la ficha **Datos externos**, incluido en el grupo de **Exportar**, encontramos el botón **Combinar con Word**. Aparece un cuadro de diálogo donde indicaremos si queremos comenzar en un documento nuevo o en uno existente.

Elegimos uno nuevo, y se abre **Word**. El panel de tareas se muestra con las opciones de combinación de correspondencia para realizarlo a través del asistente y las herramientas de la ficha **Correspondencia** para poder generar el nuevo documento.

Pulsamos en **Insertar campo combinado**, para colocar los datos de cada cliente en la carta. Intentaremos que nos quede similar al modelo siguiente:

Estimado Sr. «APELLIDO»:

Le enviamos la siguiente carta para que pueda indicamos si el DNI que figura en nuestra base de datos es el correcto.

DNI: «DNI»

Sin otro particular, le saludamos atentamente.

Pulsar en **Finalizar y combinar** para que se creen las cartas para cada uno de los clientes.

7.3.2 EJERCICIO PRÁCTICO

Volver a realizar la combinación de correspondencia, pero solamente para los clientes cuyo viaje tiene como código *78CR*. Se trata de utilizar las opciones de filtrado. Si no recuerdas como hacerlo puedes consultar el epígrafe 3.15 de este libro.

7.4 IMPORTAR TABLA DE EXCEL A ACCESS

Vamos a importar una tabla de **Excel** llamada *Listado de clientes.xlsx*

Abrimos la base de datos *Agencia de viajes*, ya que es aquí donde queremos incorporar la nueva tabla. Una vez abierta, en el grupo **Importar y Vincular** de la ficha **Datos Externos**, pulsamos en el botón **Excel**.

Se abre un nuevo cuadro de diálogo para indicar la ubicación y nombre del archivo, pulsando en el botón **Examinar**. Elegimos el archivo *Listado de clientes.xlsx*. Al pulsar **Aceptar** comienza un asistente para elegir la hoja de la que vamos a extraer los datos y los campos que va a contener la nueva tabla (que generalmente coinciden con los títulos de las columnas del archivo de **Excel**). Dejamos las opciones predeterminadas y pulsamos en **Finalizar**.

Ahora, en el listado de tablas, se mostrará la nueva tabla con el nombre que le hemos asignado en los pasos del asistente.

TEST DE CONOCIMIENTOS

1 ¿Podemos utilizar las opciones de portapapeles para copiar una tabla de **Excel** en **Word**?

a) Sí, pero no se traslada el formato.

b) Sí, tanto datos como formato.

c) No, hay que utilizar la opción **Exportar**.

2 ¿Se puede utilizar una tabla de **Access** para combinar correspondencia en **Word**?

a) No, es una opción de **Word** y los datos hay que generarlos en esta aplicación.

b) Sí, podemos elegir una tabla de una base de datos de **Access** para combinar correspondencia en **Word**.

3 Disponemos de un listado de Alumnos en **Excel**, y deseamos utilizarlo en una base de datos llamada Academia, para completar su tabla Cursos. ¿Qué opción debemos utilizar?

a) En **Access**, Datos externos/Exportar/**Excel**

b) En **Access**, Datos externos/Importar y Vincular/**Excel**

c) En **Excel**, Exportar.

4 ¿Cómo publicamos una tabla de **Access** en **Word**?

a) Abrimos la tabla, y con las opciones de portapapeles Copiar y Pegar la copiamos en **Word**.

b) Utilizamos la opción de **Access** Datos Externos/Exportar/Más/**Word**.

c) Las dos respuestas anteriores son válidas

5 En **Access**, ¿dónde se encuentra la opción para combinar correspondencia con una de las tablas de la base de datos?

a) En la ficha **Datos Externos/Importar/Más**.

b) En la ficha **Datos Externos/Exportar**.

c) Herramientas de base de datos/Analizar/Analizar tabla.

8

UTILIZACIÓN DE APLICACIONES DE CORREO Y AGENDA ELECTRÓNICOS

8.1 CONCEPTOS BÁSICOS

Microsoft Outlook 2010 es el programa de comunicación y el administrador de información personal que nos proporciona un lugar unificado para administrar correo electrónico, calendarios, contactos y otra información personal y de equipo.

Outlook nos ofrece las siguientes posibilidades:

- Recibir y enviar mensajes de correo electrónico.

- Llevar un calendario personal de citas, acontecimientos y reuniones.

- Planificar la información sobre contactos y negocios.

- Mantener una lista de mensajes que se envían o se reciben.

- Confeccionar una lista de contactos.

Para abrir **Outlook**, desplegamos el **menú Inicio** de la **Barra de tareas de Windows** y buscamos el acceso a **Microsoft Office Outlook 2010**, a través de un acceso directo que encontremos en el escritorio o a través de la barra de inicio rápido.

8.1.1 ENTORNO

Cuando abrimos **Outlook** nos encontramos con la ventana de la siguiente imagen. Es la ventana principal de **Outlook**, que se abre con la herramienta correspondiente al correo electrónico:

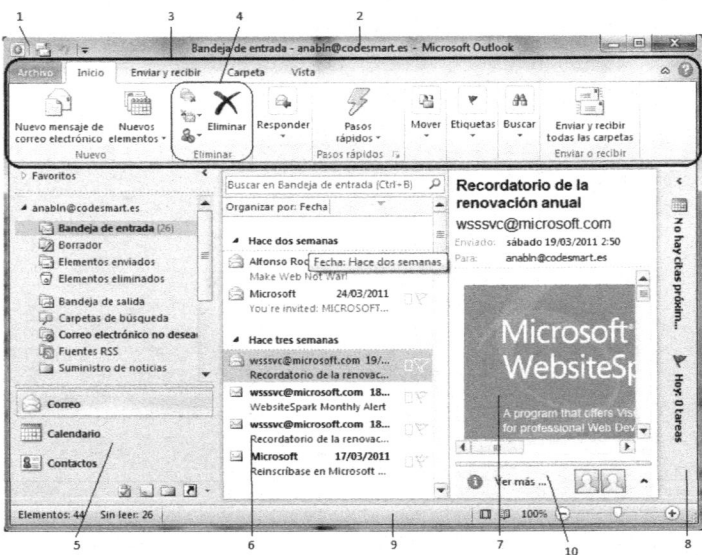

Con respecto a la versión anterior, se ha cambiado el sistema de menús. Las tradicionales barras de herramientas se han sustituido por una cómoda cinta de opciones, donde es muy sencillo, rápido y fácil visualizar y localizar todas las opciones de una herramienta.

Como ya observaremos a lo largo del libro, la ventana principal va a variar dependiendo de la utilidad con la que estemos trabajando.

Vamos a analizar los diferentes elementos que visualizamos en la ventana principal de **Outlook**:

1. **Barra de acceso rápido**. Se encuentra situada en la parte superior izquierda de la ventana. Contiene botones de utilidades que se usan con mucha frecuencia, para que sea más rápido y cómodo su uso.

2. **Barra de título**. Muestra, en su parte central, el nombre de la herramienta que estamos utilizando. En la parte derecha localizamos los botones para **Minimizar** (dejar como un botón en la barra de tareas), **Maximizar** (poner a pantalla completa) y **Cerrar** (para cerrar la ventana).

3. **Cinta de opciones**. Se encuentra divida en Fichas (una ficha es cada una de las pestañas que aparecen en la parte superior). Cada una de estas fichas contiene botones con diferentes utilidades.

4. **Grupo de opciones**. Cada ficha de la cinta de opciones está divida en Grupos de opciones.

5. **Panel de navegación**. Situado a la izquierda de la ventana de **Outlook**. Nos permite acceder de forma rápida a las distintas utilidades de **Outlook**.

El panel de navegación se divide en dos partes:

– La parte inferior, donde se muestran los accesos a las diferentes utilidades de **Outlook**.

– La parte superior nos mostrará los elementos principales de la utilidad con la que estemos trabajando. Por ejemplo, en la imagen siguiente se muestra el panel de exploración del **Correo**.

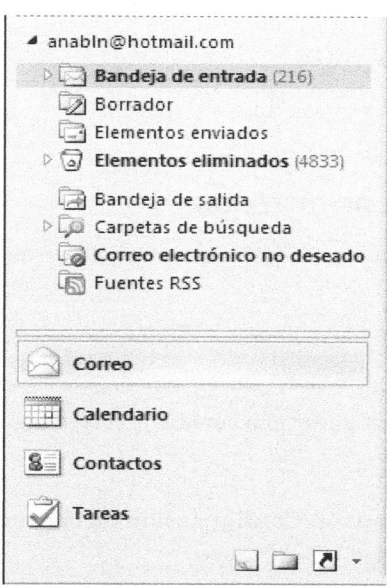

6. **Cuerpo central**. Corresponde a la zona de trabajo. Es el área donde vamos a trabajar con el **Correo**, con las **Tareas**, el **Calendario**, etc.

7. **Panel de lectura**. Ventana donde podemos obtener una vista previa de los elementos sin necesidad de abrirlos.

8. **Barra de tareas pendientes**. Se encuentra situada en la parte derecha de la pantalla. Nos muestra un resumen de las tareas y de las citas introducidas, mostrando también las vigentes o más próximas. Dependiendo del tamaño que tenga, la ventana de **Outlook** se mostrará de una forma u otra.

9. **Barra de estado**. Esta barra está situada en la parte inferior de la ventana. Muestra diversa información dependiendo del elemento con el que estemos trabajando.

10. **Panel de personas**. Este panel muestra **Outlook Social Connector**, que permite conectar **Microsoft Outlook 2010** con nuestras redes sociales personales y laborales.

8.1.2 UTILIDADES DE OUTLOOK

Con utilidades nos referimos a las distintas herramientas que componen **Outlook**, que son las siguientes:

- **Correo electrónico**. A través de esta utilidad gestionaremos el correo electrónico, desde la configuración de cuentas hasta el envío y la recepción de mensajes.

- **Calendario**. Utilidad similar a una agenda, donde podremos organizar reuniones y registrar citas y eventos.

- **Contactos**. **Outlook**, a través de esta utilidad, nos ofrece la posibilidad de almacenar información sobre nuestros contactos. Esta información la podremos emplear posteriormente para enviar correos electrónicos, asignar tareas, etc.

- **Tareas**. Nos permite anotar las tareas a realizar, dándonos la posibilidad de gestionarlas.

- **Notas**. Para crear anotaciones tipo post-it.

- **Diario**. Para llevar un registro de determinados elementos.

8.1.3 CONFIGURAR UNA CUENTA DE OUTLOOK

Cuando abrimos **Outlook** por primera vez, se despliega un asistente que nos irá guiando por la configuración de una cuenta para el correo de **Outlook**.

Si en ese momento no queremos configurar ninguna cuenta, se cancela el asistente. Pero podremos utilizar la aplicación sin este complemento.

Cuando, posteriormente, queramos configurar una cuenta de correo seguiremos los siguientes pasos:

1. Pulsamos en la ficha **Archivo**.

2. Elegimos la opción **Información/Configuración de la cuenta**. Aparecerá un cuadro de diálogo como el siguiente, y pulsamos en el botón **Nuevo**.

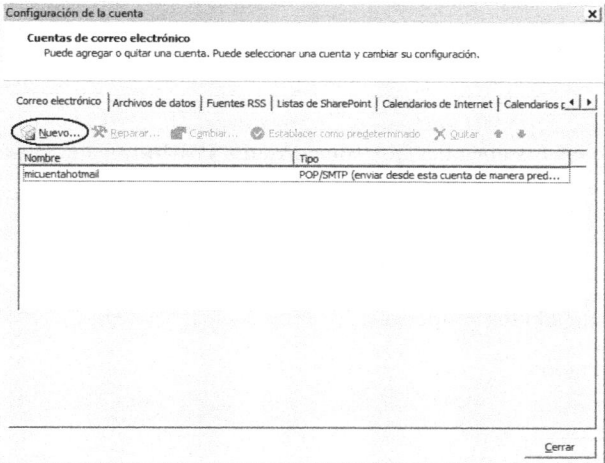

3. Se mostrará un nuevo cuadro de diálogo para elegir el tipo de servidor utilizado. Las cuentas que podemos obtener en Internet nos permiten un acceso POP3, IMAP o HTTP, que es la primera opción que encontramos. Aunque para otro tipo de servidores, podemos especificarlo marcando Otros.

4. Hacemos clic en **Siguiente** y se muestra una nueva ventana para agregar los datos de la cuenta como el nombre, la contraseña, la dirección de correo electrónico, etc.

5. Pulsamos en **Siguiente** y **Outlook** automáticamente configura el resto de los parámetros de conexión que se requieren. También podemos incluir los datos de forma manual, marcando la casilla **Configurar manualmente las opciones del servidor o tipos de servidores adicionales**.

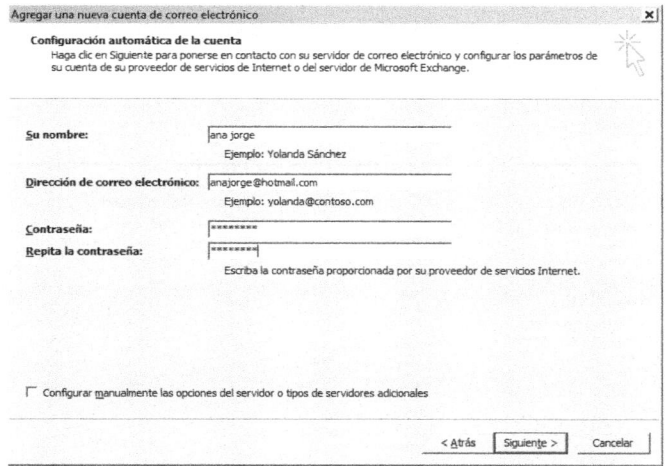

6. Una vez que hemos introducido toda la información sobre la cuenta, pulsamos **Siguiente** y se mostrará un cuadro de diálogo donde se indica que la cuenta se ha creado satisfactoriamente. Pulsamos en el botón **Finalizar**.

8.2 CORREO

En este apartado veremos todas las opciones que conciernen a **Outlook** como gestor de correo electrónico.

Cuando pulsamos en el panel de exploración sobre el elemento **Correo**, visualizamos la ventana que aparece en la página siguiente. Se trata de la ventana principal del gestor de correo, donde visualizaremos los diferentes elementos con los que vamos a trabajar.

Los elementos de esta ventana son los siguientes:

1. Barra de acceso rápido.
2. Barra de título.
3. Cinta de opciones.
4. Grupo de opciones.
5. Panel de navegación.
6. Cuerpo central.
7. Panel de lectura.
8. Barra de tareas pendientes.
9. Barra de estado.
10. Panel de personas.

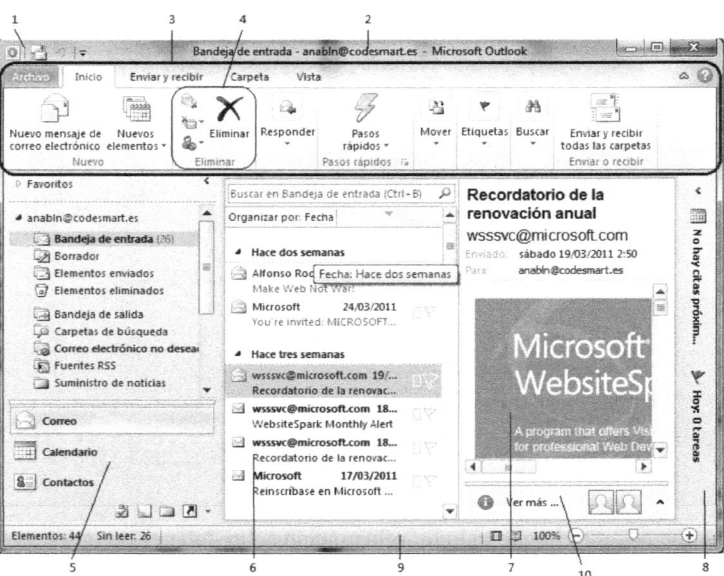

8.2.1 CARPETAS PARA LA GESTIÓN DEL CORREO

En este apartado veremos qué función cumplen y para qué sirven las diferentes carpetas que utilizamos para gestionar el correo:

▪ **Bandeja de entrada**. En esta carpeta es donde se almacenan los mensajes entrantes, es decir, todos los mensajes que recibimos. Si queremos leer los mensajes que nos han llegado, tendremos que acceder a ella.

En la parte central de la pantalla, vemos el listado de las cabeceras de los mensajes entrantes y podremos establecer diferentes ordenaciones. La cabecera de los mensajes consta de varios datos referentes al mensaje:

1. El icono del sobre abierto o cerrado que nos indica si el mensaje ha sido leído o no. Esta característica también podemos apreciarla en el texto, porque los mensajes no leídos se muestran en negrita.

2. El remitente del mensaje.

3. El asunto del mensaje.

4. La fecha de recepción.

5. El tamaño del mensaje.

Además, hay una serie de iconos que también aparecen en la cabecera que nos indican determinadas características sobre el mensaje. Lo más comunes son estos:

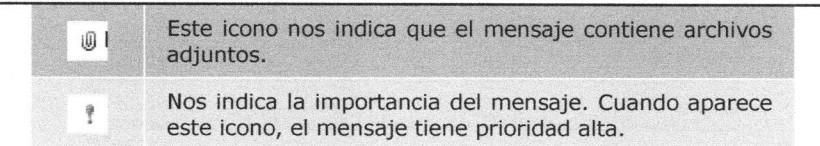

📎	Este icono nos indica que el mensaje contiene archivos adjuntos.
❗	Nos indica la importancia del mensaje. Cuando aparece este icono, el mensaje tiene prioridad alta.

Hemos comentado anteriormente que se pueden establecer diferentes ordenaciones para los mensajes. En la parte superior de la **Bandeja de entrada** aparecen los títulos de cada columna. Pulsando en el título de la columna por la que nos interese ordenar, quedan ordenados por ese parámetro, ascendentemente la primera vez que lo pulsamos y descendentemente la segunda.

▪ **Bandeja de salida**. Es la carpeta donde permanecen almacenados los mensajes redactados antes de ser enviados. Hoy en día, con las conexiones de alta velocidad, los mensajes se envían rápidamente. En el momento que se envían, desaparecen de la bandeja de salida.

▪ **Elementos enviados**. Una vez que el mensaje ha sido enviado, se almacena en esta carpeta.

▪ **Elementos eliminados**. Esta carpeta contiene los elementos que han sido eliminados, ya sean mensajes o cualquier otro elemento, como notas, tareas o contactos.

■ **Borrador**. Cuando escribimos un mensaje y queremos almacenarlo, porque no hemos terminado aún o por cualquier otra cuestión, tenemos la posibilidad de guardarlo sin enviar. Es entonces cuando este mensaje se almacena en la carpeta Borrador.

■ **Correo electrónico no deseado**. Carpeta para almacenar correo electrónico que proviene de remitentes no seguros .El correo no deseado es aquel correo electrónico que no es esperado por el usuario que lo recibe.

8.2.2 RECEPCIÓN DE MENSAJES

Al ejecutar **Outlook**, si estamos conectados a Internet, automáticamente hace un escaneo por las cuentas definidas para ver si existen mensajes nuevos. Si existen, se almacenan en la **Bandeja de entrada** de la cuenta de correo correspondiente.

Pero si no es así por alguna razón, tendremos que utilizar el grupo de opciones **Enviar y recibir**, situado en la ficha con el mismo nombre. Al pulsar el botón **Enviar y recibir todas las carpetas**, recibimos los nuevos mensajes y enviamos los ya elaborados, de todas las cuentas definidas Se visualiza entonces un cuadro de diálogo similar al siguiente que nos informa de las acciones que se están llevando a cabo.

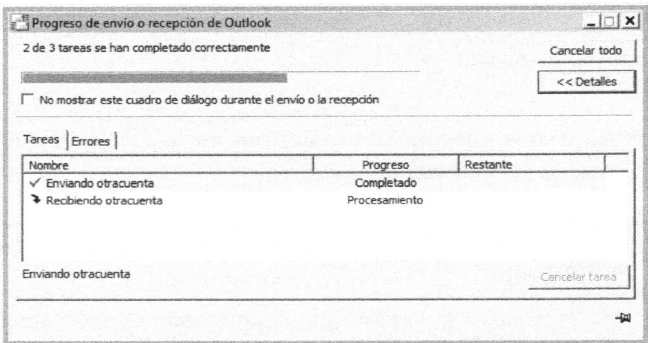

Una vez que hemos recibido las cabeceras de los mensajes, el siguiente paso será abrirlos para leerlos. Podemos hacerlo a través del **Panel de lectura**, que nos dará una vista premia sin necesidad de abrir el mensaje, o haciendo doble clic sobre el mensaje en cuestión.

Cuando recibimos un mensaje y tiene archivos adjuntos, en la cabecera del mensaje se indica con el símbolo 📎 . Para poder acceder a estos archivos, en la parte superior del mensaje aparecerá el icono correspondiente al archivo que se adjunta. Simplemente hacemos doble clic sobre él.

8.2.3 CREAR Y ENVIAR UN MENSAJE

Para enviar un mensaje, lo primero que tendremos que hacer es redactarlo. Seguimos los siguientes pasos:

■ Pulsamos en la ficha **Inicio**.

■ Dentro del grupo **Nuevo**, pulsamos en el botón **Nuevo mensaje de correo electrónico**.

■ Se abre una ventana como la siguiente, donde vamos a redactar el mensaje e indicar algunos parámetros que aparecerán en la cabecera cuando el destinatario lo reciba.

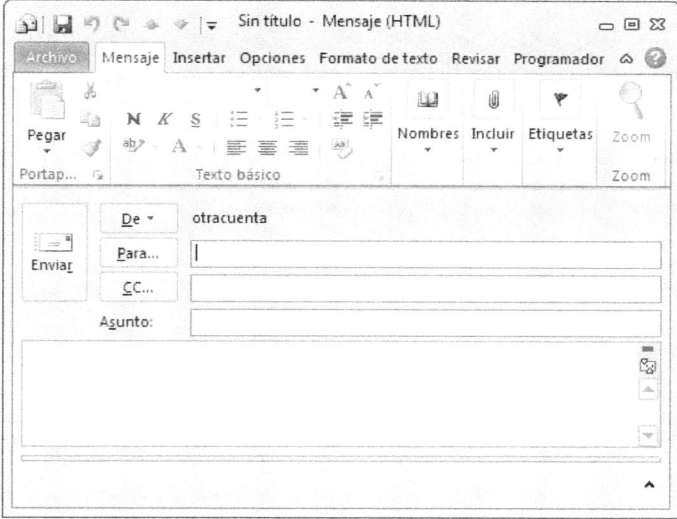

■ En la casilla **Para** escribimos la dirección de correo electrónico a la que va dirigida nuestro mensaje. Si son varios destinatarios, los separaremos con un punto y coma. También podemos pulsar en el botón **Para**, del tal forma que se desplegará un cuadro de diálogo con todos nuestros contactos para elegir el destinatario.

■ **CC**, quiere decir copia. Cuando queramos enviar una copia del mensaje a alguna persona, pondremos su dirección de correo electrónico en esta casilla.

■ **CCO**, significa copia de carbón oculta. A los destinatarios que pongamos en esta línea, les llegará también el mensaje, pero el resto de destinatarios no lo sabrán. Este campo, en principio no aparece en la ventana del mensaje. Si lo queremos incluir pulsaremos en la ficha **Opciones**, y en el grupo **Mostrar campos** encontramos el botón para incluirlo.

■ **Asunto**, en esta línea pondremos el tema del mensaje.

■ En el área en blanco es donde vamos a escribir el mensaje en sí.

■ Una vez escrito el mensaje, pulsamos en el botón **Enviar**. Al pulsarlo, la ventana correspondiente al mensaje se cierra y el mensaje es almacenado en la **Bandeja de salida** hasta que es enviado.

8.2.3.1 Confirmación de entrega

Cuando elaboramos un mensaje podemos solicitar al destinatario del mensaje confirmación de que el correo se ha entregado correctamente.

Para hacerlo, nos situamos en la ventana correspondiente al mensaje que vamos a enviar con confirmación de entrega, pulsamos en la ficha **Opciones**, grupo **Seguimiento**, y marcamos la casilla de verificación llamada **Solicitar una confirmación de entrega**.

8.2.3.2 Confirmación de lectura

Esta opción, **Solicitar una confirmación de lectura**, se encuentra situada en el mismo lugar que la anterior, ficha **Opciones**, grupo **Seguimiento**. Con ella solicitamos al destinatario una confirmación de que el mensaje de correo se ha leído.

8.2.3.3 Importancia

Podemos asociar esta característica al mensaje que enviamos.

En la ventana de composición del mensaje, en la ficha **Mensaje**, grupo **Etiquetas**, lo encontramos.

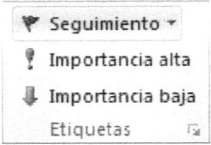

Cuando el destinatario recibe el mensaje aparecerá al lado del título la importancia que se le asocia.

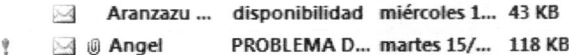

8.2.4 ADJUNTAR ARCHIVOS

Cuando elaboramos un mensaje, es posible que tengamos que incluir imágenes u otros documentos. A esto se le llama **Adjuntar archivos**.

Para hacerlo, en la ventana de composición del mensaje, dentro de la ficha **Mensaje**, encontramos un grupo llamado **Incluir**. En él aparecen diversos botones que nos permiten incluir determinados elementos en el mensaje. Uno de ellos es **Adjuntar archivo**.

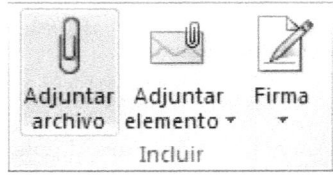

Al pulsar este botón se despliega un cuadro de diálogo para seleccionar el archivo que vamos a incluir en el mensaje. Hacemos doble clic en él y automáticamente se cierra este cuadro de diálogo.

8.2.5 RESPONDER

Responder a un correo electrónico es una de las tareas más comunes cuando utilizamos **Outlook**.

Para llevar a cabo esta tarea, abrimos el mensaje al cual queremos responder, y en la cinta de opciones, en la ficha **Mensaje**, pulsamos en el botón **Responder**, incluido en el grupo del mismo nombre.

Se abre una nueva ventana como si fuésemos a enviar un mensaje nuevo. La diferencia es que la línea **Para** y **Asunto** ya aparecen rellenos con los datos del mensaje original.

La opción **Responder a todos**, nos permite enviar respuesta a todas las direcciones de correo que aparezcan en el mensaje que hemos recibido.

8.2.6 REENVIAR

Esta opción nos sirve para volver a enviar un mensaje a otro u otros destinatarios.

8.2.7 ELIMINAR MENSAJES

Para eliminar mensajes de correo electrónico tenemos múltiples opciones. La más simple es seleccionar todos aquellos mensajes que se quieran eliminar y pulsar en el teclado **SUPR**.

Con esta acción los mensajes eliminados se almacenan en la carpeta de **Elementos eliminados**. Con lo cual, si hemos borrado un mensaje por error, podríamos recuperarlo.

8.2.8 EJERCICIO PRÁCTICO

Vamos a enviar un correo electrónico con las siguientes características:

- **Para**: insertaremos una dirección de correo de una persona conocida.

- **Asunto**: ejercicio de correo electrónico.

- **Texto del mensaje**: Mensaje de prueba.

- Pulsamos en **Adjuntar archivo**, y adjuntamos una de las imágenes de muestra que incorpora **Windows**.

- En el grupo **Seguimiento** marcamos las casillas **Solicitar confirmación de entrega** y **lectura**.

- Le ponemos una **Importancia alta**.

- Pulsamos **Enviar**.

8.3 CALENDARIO

Otra de las utilidades de **Outlook** es el **Calendario** que podremos utilizar a modo de agenda personal, gestionando nuestro tiempo mediante la organización de citas, reuniones y eventos.

Al pulsar en el **Panel de navegación**, en **Calendario** el aspecto de **Outlook** es el de la imagen que aparece en la página siguiente.

En esta ventana distinguimos los siguientes elementos:

1. Barra acceso rápido.

2. Barra de título.

3. Cinta de opciones.

4. Panel de navegación. Utilidades.

5. Panel de navegación. Calendario.

6. Lista de tareas.

7. Visor de información de la agenda.

8.3.1 VISTAS

A través de las diferentes vistas que nos ofrece **Outlook** para el **Calendario**, podemos cambiar el visor de la agenda.

Para acceder a las diferentes vistas, pulsaremos en la ficha **Inicio** del **Calendario**. Allí encontramos el grupo **Organizar**.

Al seleccionar el botón **Día**, vemos el área del **Calendario** con el día actual. Si seleccionamos los botones **Semana** o **Semana laboral**, veremos una cuadrícula con todos los días de la semana, en el caso de **Semana** o de lunes a viernes, en el caso de **Semana laboral**.

La imagen siguiente del **Calendario** corresponde a una semana laboral. En esta vista se excluyen los sábados y domingos.

La imagen siguiente, corresponde a la vista por mes, donde tenemos la posibilidad de elegir si queremos un nivel de detalle alto, medio o bajo.

A través de la ficha **Vista**, encontraremos todas estas opciones y algunas más, para poder visualizar diferentes listados de las anotaciones realizadas en el calendario, en base a distintos criterios.

Encontramos también el grupo **Vista Actual**, cuyo primer botón se llama **Cambiar vista**. Al pulsarlo se despliegan sus opciones, y eligiendo una u otra, el grupo **Organización** nos mostrará las diferentes posibilidades que existen.

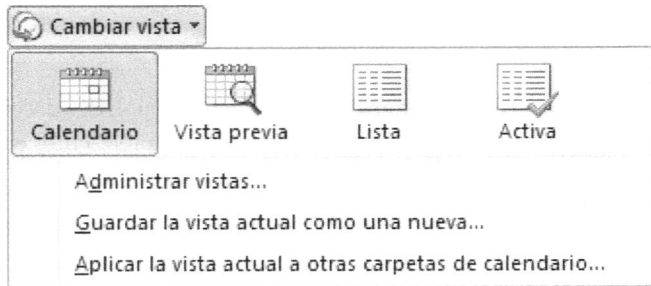

Si tenemos seleccionada la opción **Calendario**, el grupo **Organización**, nos muestra los diferentes botones para poder visualizarlo en formato día, mes o semana.

Si elegimos la opción **Lista**, que nos va a permitir obtener distintos listados de las anotaciones hechas en el calendario, el grupo **Organización** nos mostrará las opciones para elaborar dichos listados.

Se mostrará de la siguiente forma:

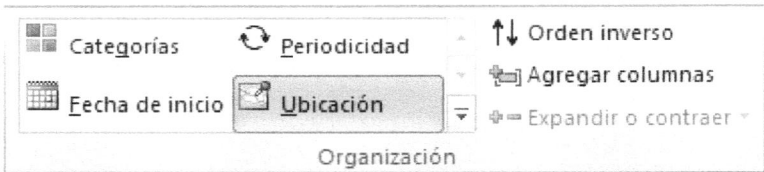

Ahora, el grupo **Organización**, nos muestra los diferentes criterios en base a los cuales podemos visualizar las anotaciones realizadas en el **Calendario**:

■ **Categorías**. Visualizaremos un listado de todas las citas, reuniones y eventos anotados en el calendario, agrupadas por categorías.

■ **Periodicidad**. Obtendremos un listado de las anotaciones del calendario, ordenadas por la periodicidad que tengan.

■ **Fecha de inicio**. Para crear un listado de las anotaciones del calendario, ordenadas por el campo *Fecha de inicio*.

■ **Ubicación**. Visualizaremos un listado de las anotaciones del calendario, agrupadas por la ubicación de cada una de ellas.

8.3.2 CITAS

Las citas son actividades que registramos en el calendario. Para realizar una anotación en el calendario, sea del tipo que sea, lo primero que hay que hacer es situarse en el día en el cual queremos realizar dicha anotación.

Cuando queremos abrir una cita ya creada, solamente hay que hacer doble clic sobre ella en el calendario.

Para crear una cita nos situamos, en el calendario, en el día y la hora de comienzo de la cita, pulsamos en el botón **Nueva cita** de la ficha **Inicio**. Se despliega la ventana para detallar los datos de la cita.

Asunto	En este campo indicaremos el tema de la cita.
Ubicación	Señalaremos dónde se desarrollará la cita. Puede ser una dirección, una localidad, etc.
Comienzo	Fecha y hora de inicio.
Finalización	Fecha y hora de fin.
Todo el día	Si se desarrolla durante toda la jornada.
Detalle	En el área en blanco podremos describir, si es necesario, la cita con más detalle.

Una vez recogida toda esta información en la ficha correspondiente a la cita, pulsamos en el botón **Guardar y cerrar** de la cinta de opciones. Esta ventana se cierra y la cita se muestra en el calendario.

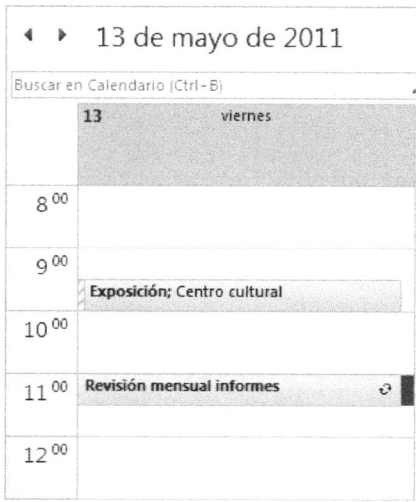

8.3.2.1 Opciones

Como vimos en el punto anterior, al crear una cita, en la parte superior de la ventana se muestra la cinta de opciones. En la ficha **Cita** encontramos el grupo **Opciones**, que nos va a permitir indicar una serie de características sobre la cita.

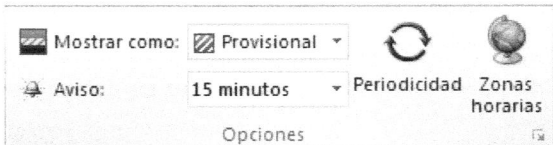

- **Crear una cita periódica**. Una cita periódica es una cita que se repite cada cierto tiempo, por ejemplo, cada año, cada mes. Conseguimos que sea periódica pulsando en el botón **Periodicidad**, para indicar la frecuencia.

- **Disponibilidad**. Con esta característica estamos indicando cómo queremos que se muestre el usuario durante el desarrollo de la cita. La opción **Mostrar como** nos permite hacerlo.

- **Aviso**. El aviso nos sirve para que el programa nos recuerde con cierta antelación la celebración de una cita.

Al lado del grupo **Opciones**, encontramos el grupo **Etiquetas**, que nos permite establecer ciertas características para las citas que creamos en el **Calendario**.

- **Crear una cita privada**. Lo que conseguimos con una cita privada es que los detalles de esta no los vea nadie. Para ello pulsaremos en el botón **Privado**.

- **Importancia**. Podemos establecer la prioridad de una cita asignándole una importancia alta o baja, pulsando en los botones correspondientes.

- **Categoría**. La opción **Categorizar**, nos sirve para asignar una categoría a la cita. Al pulsarla se despliegan las diferentes posibilidades. Solamente tendremos que seleccionar la que queramos utilizar.

8.3.2.2 Eliminar una cita

Una de las muchas formas para eliminar una cita es seleccionarla dentro del calendario y pulsar la tecla **SUPR**. Si nos hemos equivocado podemos pulsar el botón **Deshacer**.

Cuando eliminamos un elemento va a la carpeta de **Elementos eliminados**. Y también podríamos recuperarlo de allí.

8.3.3 REUNIÓN

Una reunión es una cita a la que se invita a otras personas y/o para la cual se reservan recursos.

Podemos crear y enviar convocatorias de reunión y reservar recursos para reuniones. Cuando se crea una reunión, se identifica a las personas a las que se va a invitar y los recursos que se van a reservar y se elige una hora de reunión. Las respuestas de la convocatoria de reunión aparecen en la **Bandeja de entrada**. Además, es posible agregar usuarios a una reunión existente o volver a programar una reunión.

Para convocar una reunión , en el calendario, nos situamos en el día para el cual queremos convocar la reunión, y en la ficha **Inicio**, en el grupo **Nuevo**, pulsamos en **Nueva reunión**.

Para	En este campo insertaremos todos los posibles asistentes a la reunión. Pulsando en el botón Para se despliega la lista de contactos para seleccionarlos.
Asunto	Para poner una descripción.
Ubicación	Lugar de la reunión.
Comienzo	Hora de inicio de la reunión.
Finalización	Hora del final de la reunión.
Área de mensaje	En el área central escribiremos el mensaje de invitación a la reunión.

Una vez rellenados todos estos datos, pulsamos en el botón **Enviar** y se enviarán los mensajes de invitación a la reunión a los destinatarios correspondientes.

8.3.3.1 Opciones de reunión

Las opciones que podemos activar o desactivar para una reunión son idénticas a las de las citas y se utilizan de la misma forma.

En la ventana de la reunión tenemos el grupo **Opciones** dentro de la ficha **Reunión**.

Y el grupo **Etiquetas**:

8.3.3.2 Reenviar una convocatoria de reunión

Podemos reenviar una convocatoria a otros destinatarios. Para hacerlo, abrimos la ventana correspondiente a la reunión, y en la cinta de opciones, en la ficha **Reunión**, pulsamos en el botón **Reenviar**, situado en el grupo **Acciones**. Al pulsar este botón de nuevo se muestra la línea **Para** vacía para poder insertar a los nuevos destinatarios.

8.3.3.3 Responder a la convocatoria de reunión

Las convocatorias de reunión a las que estemos invitados nos llegarán por correo electrónico.

Al abrir este tipo de correos, se visualiza una ventana similar a la de un correo normal. Esta tiene las opciones correspondientes a la reunión, para poder aceptar, rechazar, etc.

En la parte superior de la ventana de reunión, se muestra la cinta de opciones para poder responder a la convocatoria de reunión.

- **Aceptar**. Pulsaremos en este botón cuando estamos de acuerdo con la reunión.

- **Provisional**. Cuando aún no podemos confirmarlo.

- **Rechazar**. Cuando no estamos de acuerdo con la reunión.

- **Proponer una nueva hora**. Cuando queremos intentar variar la hora de la reunión.

8.3.3.4 Cancelación de una reunión

Cuando cancelamos una reunión se elimina la entrada en el calendario y se envía una notificación a todos los invitados.

Para cancelar una reunión, la abrimos y pulsamos el botón **Cancelar reunión**. Automáticamente el botón **Enviar** se modifica y pone **Enviar cancelación**. Al pulsarlo se envía un mensaje a los asistentes indicando la cancelación.

8.3.4 EVENTO

Un evento es una actividad que dura 24 horas o más. Puede ser, por ejemplo, una feria comercial, un día no laborable o un seminario.

Generalmente, un evento se produce una sola vez y dura uno o varios días, pero un evento anual, como un cumpleaños o un aniversario, tiene lugar todos los años en una fecha específica.

Tanto los eventos como los eventos periódicos (anuales o con otra periodicidad) no ocupan bloques de tiempo en el **Calendario**, sino que aparecen en títulos. Una cita que ocupa todo el día, muestra la hora como ocupada cuando la ven otros usuarios, mientras que un evento o un evento periódico muestra la hora como disponible.

Para crear un evento, nos situamos en el Calendario, en el día en el que vamos a situar el evento y pulsamos en la ficha **Inicio** en el botón **Nuevos elementos**. Elegimos la opción **Todo el día**.

Se abre una nueva ventana para detallar el evento exactamente igual que para una cita. Con todas las opciones que tiene una cita.

8.3.5 EJERCICIO PRÁCTICO

Nos situamos en el día 26 de junio y creamos una cita con las siguientes características:

Asunto	Coloquio sobre los nuevos productos.
Ubicación	Hotel AC, Avda. España.
Comienzo	17:00
Finalización	18:00

Además mostraremos el tiempo de la cita como ocupado en nuestro calendario y estableceremos un aviso sonoro una hora antes de la reunión.

8.4 NOTAS

Con esta opción sustituimos a los clásicos *post-it* que utilizamos tan frecuentemente para hacer anotaciones. La utilidad es la misma, es decir, hacer anotaciones, pero todas incluidas en este entorno.

Para acceder a la ventana de notas, pulsamos en el **Panel de navegación**, en el botón **Notas**.

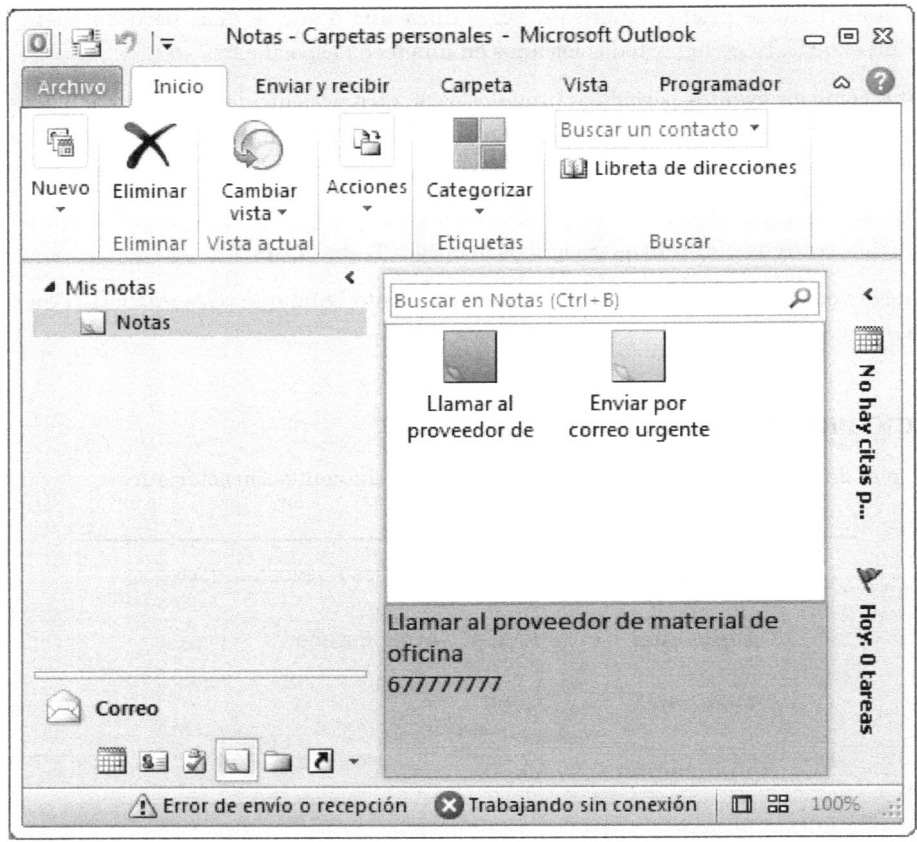

En la parte superior tenemos la **Barra de título**, la **Barra de acceso rápido** y la **Cinta de opciones** correspondiente a las notas.

En la parte izquierda visualizamos el **Panel de navegación**.

En la parte derecha, la **Barra de Tareas pendientes**.

En el área central encontramos las notas, en este caso las estamos visualizando como **Iconos**, y en la parte inferior encontramos el **Área de lectura**, que nos muestra el texto correspondiente a la nota seleccionada.

Para crear una nota lo primero es pulsar en el **Panel de navegación**, en el botón **Notas**. En la ficha **Incio** pulsamos en el botón **Nueva nota**.

Se abre una ventana como la siguiente, muy similar a los *post-it* que estamos acostumbrados a utilizar.

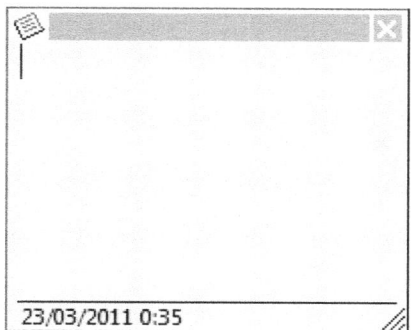

El cursor está en el interior de esta nota para escribir el texto que corresponda. Y, además, en la parte inferior aparece la fecha y la hora de creación de la nota.

Una vez escrito el texto pulsamos en el botón ⊠ para cerrar la nota, con lo cual aparecerá en el área de notas con el resto.

8.4.1 CLASIFICAR UNA NOTA

Podemos clasificar las notas para identificarlas rápidamente. Igual que el resto de los elementos de **Outlook**, cuando asignamos una clasificación, lo que estamos haciendo es establecer un color.

En la ficha **Incio** pulsamos en el botón **Categorizar**. Elegimos la que corresponda y la nota cambiará de color.

8.4.2 ELIMINAR UNA NOTA

La forma más cómoda de eliminar una nota, aunque se puede hacer de múltiples maneras, es seleccionar la nota y pulsar **SUPR** en el teclado.

8.5 DIARIO

El diario registra todas las acciones elegidas y las sitúa en una escala de tiempo. Realiza un seguimiento de los elementos de **Microsoft Outlook**, como el correo electrónico, u otros elementos, documentos de **Microsoft Office**, como los archivos de **Microsoft Office Word** o **Microsoft Office Excel**.

Para acceder al **Diario** pulsamos en el botón 🔄 , situado en el **Panel de navegación**.

En la parte izquierda, como siempre encontramos el **Panel de navegación** donde se muestran las diferentes utilidades de Outlook. En la parte superior, la barra de título, la barra de acceso rápido y la Cinta de opciones con los botones correspondientes a las tareas. Y la parte central corresponde al visor del **Diario**, donde se muestran las entradas que hay en una escala de tiempo.

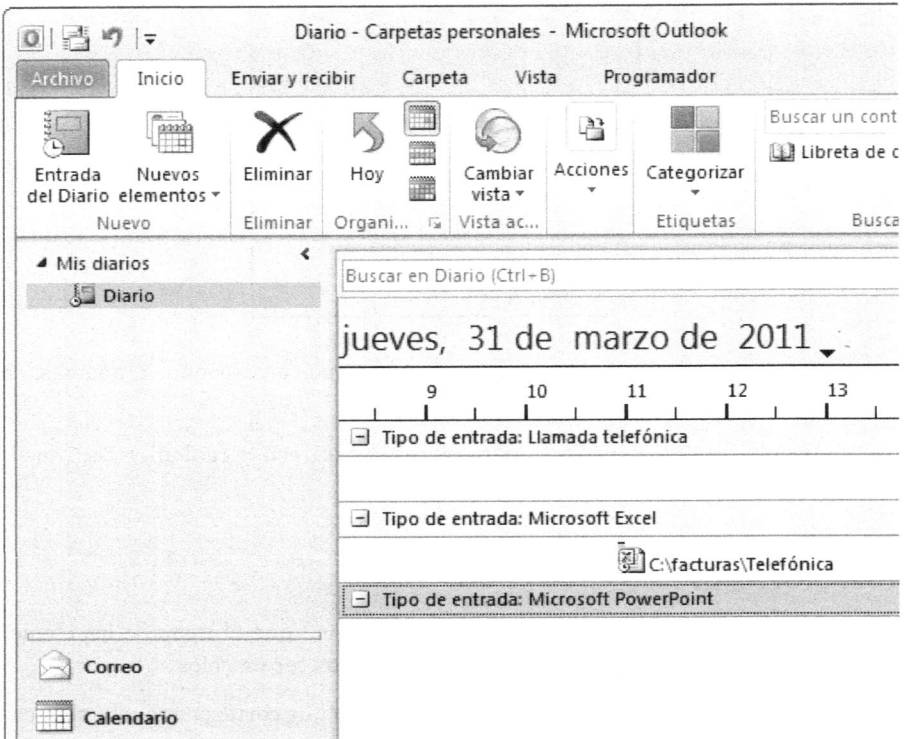

Si es la primera vez que accedemos al diario, aparecerá un cuadro de diálogo, para indicar para qué elementos queremos realizar un seguimiento. Marcamos los que nos interesen y pulsamos en el botón **Aceptar**.

8.5.1 CREACIÓN DE ENTRADAS EN EL DIARIO

Podemos incluir dos tipos de entradas en el **Diario**:

- **Automáticas**. Lo hemos visto anteriormente. Son las entradas que se registran de forma automática. Nosotros sólo tenemos que marcar aquellos elementos que queremos que tengan un seguimiento.

- **Manuales**. Para crear una entrada del diario manual, nos situamos en el día que deseamos realizar la anotación y pulsamos en el botón **Entrada del diario**, en la ficha **Inicio**. Rellenamos los campos del cuadro de diálogo que se despliega y **Guardar y cerrar**.

8.5.2 EJERCICIO PRÁCTICO

Configuramos el diario para que, de forma automática, se registren los elementos de **Word**.

8.6 CONTACTOS

Los **Contactos** son nuestra libreta personal de direcciones de correo electrónico.

Es el lugar para almacenar los datos acerca de las personas y empresas con las que nos comunicamos habitualmente. Utilizamos los **Contactos** para guardar la dirección de correo electrónico, dirección postal, número de teléfono y cualquier otro dato relativo al contacto. También podemos incluir páginas Web, número de fax y teléfono móvil.

Disponemos de herramientas que nos permitirán ordenar o agrupar contactos según el nombre o cualquier otro dato que tengamos almacenado sobre el contacto que queremos agrupar.

8.6.1 VENTANA PRINCIPAL DE CONTACTOS

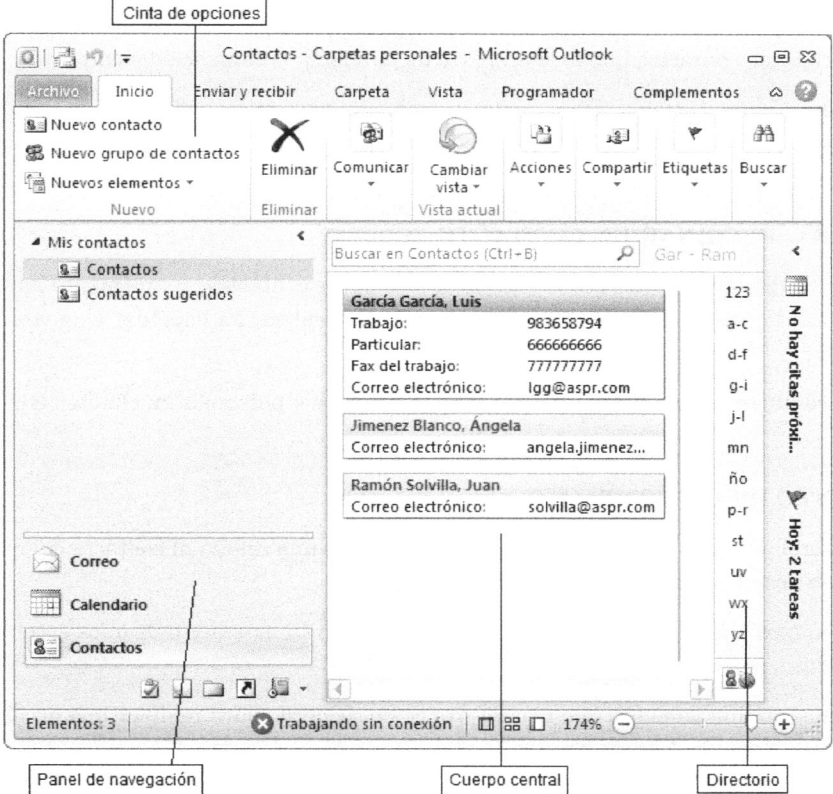

■ **Cinta de opciones**. Se agrupan aquí todos los botones para manipular los contactos, como crear un contacto, realizar su seguimiento, llamar, imprimir, etc.

- **Directorio**. Está situado en la parte derecha de la ventana y nos muestra todas las iniciales. Nos va a permitir localizar rápidamente a un contacto. Simplemente marcando en la inicial que corresponda y accederemos a la información sobre los contactos que comiencen por dicha inicial.

- **Panel de navegación**. En el **Panel de navegación** lo que podemos observar es el listado con las diferentes utilidades de **Outlook** y en la parte superior los diferentes grupos de contactos de los que disponemos.

- **Cuerpo central**. En el visor central, visualizaremos los contactos con el formato elegido.

8.6.2 CREACIÓN DE UN CONTACTO

Para crear un nuevo contacto, haremos uso del primer botón de la ficha **Inicio**: **Nuevo contacto**. Se visualizará entonces una nueva ventana, para escribir todos los datos que queramos almacenar sobre el contacto.

Cuando creamos un nuevo contacto, tenemos la posibilidad de crearlo con los mismos datos correspondientes a la organización. En la ficha **Contacto**, encontramos el botón **Guardar y nuevo**, incluido en el grupo **Acciones**. Al pulsar este botón encontramos la opción **Contacto de la misma compañía**, con la cual crearemos un contacto donde todos los datos relativos a la organización estarán rellenos con los datos del contacto seleccionado. Es una opción muy útil cuando estamos creando contactos que forman parte de la misma organización o empresa.

Sea cual sea la opción que utilicemos para crear un contacto, para que quede almacenado debemos pulsar en el botón **Guardar y Cerrar**. Al pulsarlo, volveremos a la pantalla principal de **Contactos**.

8.6.3 MODIFICAR O ELIMINAR UN CONTACTO

Cuando deseamos modificar los datos almacenados de uno de los contactos, simplemente haremos doble clic sobre su ficha y se desplegará el cuadro de diálogo completo para poder realizar los cambios. Una vez hecho esto, pulsamos en **Guardar y cerrar**.

Para eliminar un contacto, seleccionamos el contacto en cuestión y pulsamos en el botón **SUPR** del teclado.

8.6.4 SEGUIMIENTO DE UN CONTACTO

Outlook nos proporciona una herramienta para poder agregar una marca al contacto del que deseamos realizar el seguimiento. Incluso nos permitirá establecer un aviso.

Para ello, seleccionamos el contacto al cual le queremos agregar la marca y pulsamos en el botón **Seguimiento**, situado en la ficha **Inicio**, en el grupo **Etiquetas**.

Si además, deseamos añadir un aviso, que nos servirá como recuerdo para realizar una acción, en el mismo menú anterior pulsamos sobre la opción **Agregar aviso**.

8.6.5 CATEGORÍA DE UN CONTACTO

La Categoría de los contactos es una marca de color que nos permitirá identificarlos fácil y rápidamente.

Para establecer una categoría al contacto, seleccionamos el contacto al cual le vamos a asignar una categoría. Seleccionamos la ficha **Inicio** y, dentro del grupo **Etiquetas**, encontramos el botón **Categorizar**, donde elegimos el color que le queremos asignar.

8.6.6 EJERCICIO PRÁCTICO

Crear tres contactos de la misma empresa y asignarles la misma categoría.

Enviar un mensaje al primero de los contactos creados.

8.7 TAREAS

En este capítulo aprenderás a utilizar la lista de tareas. A través de esta opción podremos planificar las tareas a realizar, asignarlas a otros, indicar la prioridad y el estado en que se encuentra la tarea.

Para acceder a la ventana principal de tareas, pulsamos en el **Panel de navegación**, en el botón **Tareas**. Visualizaremos una imagen similar a la siguiente, que está compuesta por los mismos elementos que en el resto de utilidades de **Outlook**.

En la parte superior están la **Barra de título** y la **Cinta de opciones**, que ha cambiado ligeramente para mostrar los botones y opciones correspondientes a las tareas. En la parte izquierda, el **Panel de navegación**, en la parte derecha, la **Barra de tareas pendientes** y en el centro, podemos observar el listado de tareas.

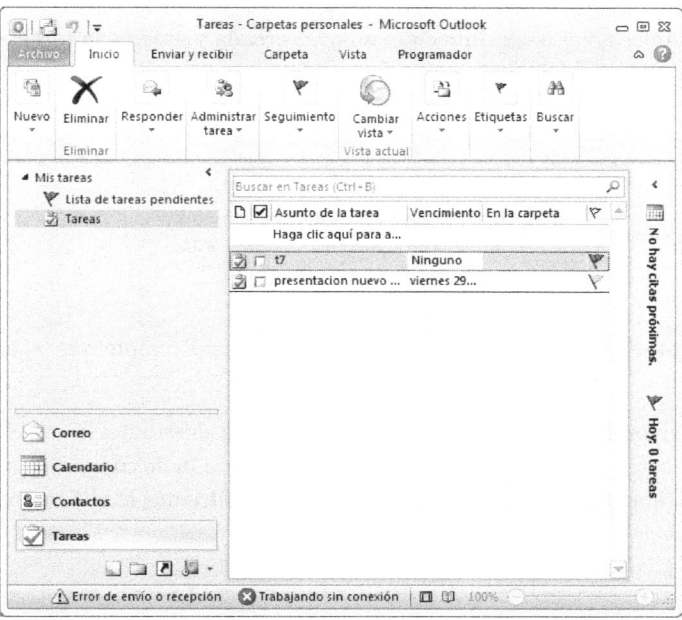

Cuando queremos añadir una tarea a la lista podemos hacerlo de forma rápida pulsando en la casilla con el texto *Haga clic aquí para agregar una nueva Tarea*.

Pero si queremos asignar más información a esta, como vencimiento, prioridad, estado, etc., tendremos que pulsar en el botón **Nueva tarea** situado en la ficha **Inicio**. Se despliega un cuadro de diálogo donde podremos indicar todos los detalles.

8.7.6.1 Opciones de tareas

Cuando abrimos o creamos una tarea, en la parte superior de la ventana visualizamos la cinta de opciones. Dentro de la ficha **Tareas**, tenemos los grupos **Periodicidad** y **Etiquetas** con características para la tarea.

- **Periodicidad**. Esta opción nos sirve para que la tarea se repita cada cierto tiempo.

- **Categoría**. La opción **Categorizar** nos sirve para localizar fácilmente las tareas. Consiste en asignarles un color.

- **Privado**. Al pulsar esta opción, la tarea se convierte en privada y hacemos que los demás usuarios no puedan visualizar sus detalles.

8.7.6.2 Administración de tareas

Todas las opciones que vamos a ver a continuación, una vez creada y abierta la tarea, las encontramos en la cinta de opciones, ficha **Tarea**, en el grupo **Administrar tarea**.

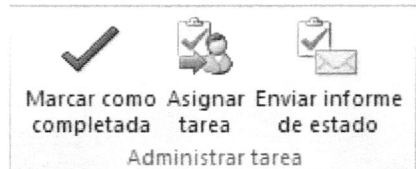

- **Marcar como completada**. Cuando una tarea se marca como completada aparece tachada en la lista de tareas.

- **Asignar tarea**. Podemos asignar tareas a otras personas. El destinatario recibirá la asignación por correo electrónico. Al pulsar este botón se abrirá una ventana similar a la de composición de un mensaje. La tarea se seguirá mostrando en el listado de tareas, pero al abrirla no podremos modificar sus detalles, puesto que ya no somos los propietarios de dicha tarea.

■ **Enviar informe de estado**. En ocasiones, sobre todo cuando se trabaja en equipo, necesitamos comunicar el progreso de una determinada tarea. Esta opción nos sirve para enviar a un determinado destinatario la evolución y el estado actual de la tarea en cuestión.

8.7.1 ELIMINAR UNA TAREA

Cuando queremos eliminar una tarea de la lista, la seleccionamos y pulsamos en el botón **SUPR** del teclado.

8.7.2 EJERCICIO PRÁCTICO

Crear una nueva tarea "Elaboración de informes" con fecha de inicio el 1/8/2011, vencimiento el 1/9/2011, y con prioridad Alta.

TEST DE CONOCIMIENTOS

1 ¿Para qué nos sirve el calendario de Outlook?
a) Como un calendario normal, para consultar fechas.
b) Para llevar un calendario personal, donde podremos registrar citas, acontecimientos y reuniones.

2 ¿Podemos enviar un correo electrónico a un contacto?
a) No, son utilidades de Outlook diferentes.
b) Sí, cuando pulsamos en la ventana del mensaje en el botón **Para** obtenemos un listado de los contactos almacenados.

3 El panel de lectura, nos sirve para realizar una vista previa del mensaje seleccionado. ¿Podemos desactivarlo?
a) Sí
b) No

4 ¿Qué es lo que contiene la carpeta de elementos eliminados?
a) Todos los mensajes que eliminamos de cualquier carpeta de correo.
b) Los mensajes eliminados y además el resto de elementos que han sido borrados.

5 ¿Qué significa la línea CCO cuando redactamos un mensaje?
a) Es la línea donde escribimos los destinatarios a los que les enviamos copia del mensaje.
b) Es la línea donde escribimos los destinatarios a los que enviamos copia oculta del mensaje.
c) La línea CCO no existe, se llama CC.

6 Cuando accedemos a la bandeja de entrada, podemos observar el listado de mensajes entrantes y encontramos uno como el siguiente:

! ✉ 📎 Angel   PROBLEMA D... martes 15/... 118 KB

¿Qué significa el icono que encontramos al principio del mensaje?
a) Archivo adjunto.
b) Mensaje leído.
c) Importancia alta.

7 ¿Y el tercer icono?
a) Archivo adjunto.
b) Mensaje leído.
c) Importancia alta.

8 Hemos recibido el mensaje de la imagen anterior, y lo queremos enviar a otra persona. ¿Qué opción tendremos que utilizar?
a) Responder.
b) Responder a todos.
c) Reenviar.

Solucionario de los test de conocimientos

■ CAPÍTULO 1. FUNCIONAMIENTO BÁSICO DEL EQUIPO INFORMÁTICO

    1-A   2-A   3-B   4-B   5-C   6-A   7-B

■ CAPÍTULO 2. INTERNET

    1-A   2-B   3-A   4-A   5-B   6-B   7-C

■ CAPÍTULO 3. UTILIZACIÓN DE PROCESADORES DE TEXTO Y APLICACIONES DE AUTOEDICIÓN

    1-C   2-A   3-B   4-A   5-A   6-C   7-A   8-A   9-B

■ CAPÍTULO 4. OPERACIONES CON HOJA DE CÁLCULO

    1-C   2-B   3-A   4-C   5-B   6-C   7-B   8-A   9-B

■ CAPÍTULO 5. UTILIZACIÓN DE APLICACIONES DE PRESENTACIÓN GRÁFICA

    1-B   2-A   3-A   4-C   5-B   6-A   7-A

■ CAPÍTULO 6. PRESENTACIÓN Y EXTRACCIÓN DE INFORMACIÓN EN BASES DE DATOS

    1-C   2-C   3-A   4-B   5-A   6-A   7-B   8-A

■ CAPÍTULO 7. INTEGRACIÓN DE APLICACIONES

    1-B   2-B   3-B   4-C   5-B

■ CAPÍTULO 8. UTILIZACIÓN DE APLICACIONES DE CORREO Y AGENDA ELECTRÓNICOS

    1-B   2-B   3-A   4-B   5-B   6-C   7-A   8-C

Índice Alfabético